Estar
de paso

DISEÑO DE TAPA
MOYANOVILLANUEVAZARATE

CARLOS ALTSCHUL

Estar
de paso

Roles y competencias
del consultor

GRANICA

ARGENTINA - ESPAÑA - MÉXICO - CHILE - URUGUAY

© 2002 *by* Ediciones Granica S.A.

ARGENTINA

Ediciones Granica S.A.

Lavalle 1634 3° G / C1048AAN Buenos Aires, Argentina

Tel.: +54 (11) 4374-1456 Fax: +54 (11) 4373-0669

granica.ar@granicaeditor.com

atencionaempresas@granicaeditor.com

MÉXICO

Ediciones Granica México S.A. de C.V.

Valle de Bravo N° 21 El Mirador Naucalpan - Edo. de Méx.

53050 Estado de México - México

Tel.: +52 (55) 5360-1010 Fax: +52 (55) 5360-1100

granica.mx@granicaeditor.com

URUGUAY

Ediciones Granica S.A.

Scoseria 2639 Bis

11300 Montevideo, Uruguay

Tel.: +59 (82) 712 4857 / +59 (82) 712 4858

granica.uy@granicaeditor.com

CHILE

granica.cl@granicaeditor.com

Tel.: +56 2 8107455

ESPAÑA

granica.es@granicaeditor.com

Tel.: +34 (93) 635 4120

www.granicaeditor.com

GRANICA es una marca registrada

ISBN 950-641-387-8

Hecho el depósito que marca la ley 11.723

Impreso en Argentina. *Printed in Argentina*

ÍNDICE

DE OCASIONES Y VOCACIONES
   POR FERNANDO ULLOA   11

PRÓLOGO. DE QUÉ HABLA *ESTAR DE PASO*   19

SOBRE EL USO DE CIERTAS PALABRAS   33

EL ABORDAJE DE LA INVESTIGACIÓN ACCIÓN   37

EL CONSULTOR Y LAS CRISIS EN EMPRESAS   55

EL LUGAR DE LOS QUE NO ESTÁN DE PASO   65

ROLES DEL CONSULTOR   75

EL PASAJE DEL PEDIDO A LA DEMANDA   87

CONSTELACIONES CULTURALES   95

ESTABLECIMIENTO Y VICISITUDES DEL VÍNCULO   117

ENTREVISTA Y SERIE DE ENTREVISTAS   127

PROYECTO Y PROGRAMA   139

RECAUDOS PARA EL RELEVAMIENTO   149

EL REPERTORIO DEL CONSULTOR Y LA METÁFORA CULTURAL   157

EL TIEMPO, LAS PALABRAS Y EL PROCESO DE *GAIN ENTRY*   177

LA CONSULTORÍA COMO CAMPO DE SORPRESAS Y SOSPECHAS   185

SOBRE EL PLACER DEL MOMENTO   195

AGRADECIMIENTOS   203

AUTORES CITADOS   205

Este libro es para Monique

Tout est belle en elle
il n'y a rien à jeter.
Sur l'île desèrte
il faut tout emporter.

GEORGES BRASSENS

DE OCASIONES Y VOCACIONES

POR FERNANDO ULLOA

Ser en la vida romero sólo romero.
Que no hagan callo las cosas ni en el alma ni en el cuerpo,
(...)
Que no se acostumbre el pie a pisar el mismo suelo,
ni el tablado de la farsa, ni la losa de los templos
para que nunca recemos
como el sacristán los rezos,
ni como el cómico viejo
digamos los versos.
(...)
No sabiendo los oficios los haremos con respeto.

LEÓN FELIPE, "Romero solo"

Ocurrió hace poco, durante uno de nuestros frecuentes y familiares encuentros con Carlos Altschul. Hacía tiempo que de tanto en tanto veníamos hablando de Estar de paso, *libro al que ahora Carlos daba las últimas puntadas. Tal vez por eso —y también porque horas antes yo había tenido una charla en la Facultad de Psicología con estudiantes próximos a graduarse, por cierto preocupados por su destino profesional—, escuché el título —confieso que con entusiasmo— casi a la manera de un aforismo, y esto en relación con algo expresado en mi disertación y de lo que luego hablaré. Siempre me interesaron estas breves y mesuradas sentencias que valen por lo que reflejan, tal vez una desmesura o quizás una manera vocacional de pensar y vivir un oficio cuando quien lo ejerce está asistido por un estilo personal tallado por la práctica y el tiempo.*

Altschul da sobrada cuenta, en el prólogo de su libro, de lo que significa para él este "aforismo".

Pero la expresión "estar de paso" admite algunas variantes. Por ejemplo, "demorar cada tanto el paso" en beneficio de una antigua amistad, para discurrir acerca de semejanzas y diferencias, coincidencias y disidencias en nuestras prácticas: consultor de empresas la suya, psicoanalista, interesado en extender mi clínica al campo social, la mía. Si incluyo disidencias *es porque pienso en su literal significado: "decir desde sillas distintas"; esto sin desconocer, y dicho con tono humorístico, que no siempre hablamos sentados, también nos valen los hábitos peripatéticos. Es así que recuerdo —también lo hace él en su prólogo— la primera vez que lo escuché aludir a este título, entretenidos en caminar las arboledas de "Los Dos Robles". También caminamos otros rumbos en algunos viajes, donde lo extranjero suele proporcionar un ocio, más que al paso al paseo, oportuna ocasión para repensar oficios y aun la propia vida. Entonces no sólo se alargan las conversaciones, también se acrecienta el silencioso beneficio de advertir, desde lo desacostumbrado, aquello que la costumbre cotidiana encubre.*

Tal vez por sostenerme en lo que por arduo muchas veces queda en intención, con alguna reiteración expreso la idea de que un oficio es una manera de vivir, una forma de ser lo que se hace, pero también un intento, para bien o lo contrario, de hacer según lo que se cree ser; y esto sin desconocer que la creencia, en especial sobre nosotros mismos, es la materia del delirio. ¿Acaso una vocación, que de esto estoy hablando, no supone una cierta forma de pasión y sus consecuencias, que pueden aproximar la utopía, esa pariente noble del delirio?

Por todo esto y por algo más que luego comentaré, me entusiasmó en aquella ocasión la propuesta que encierra el título del libro.

En mi práctica psicoanalítica con la numerosidad social, intento no desmentir lo esencial de la misma, afirmado en la regla básica (para la clínica psicoanalítica) de la abstinencia. Un recaudo ético y metodológico que permite elegir no hacer algo, cuando esa opción resulta clínicamente pertinente. Abstención siempre atenta a evitar los riesgos —y no los beneficios— que conlleva el popular consejo según el cual "donde fueres, haz lo que vieres".

12

La propuesta de estar de paso, un estar para nada distraído con el que Altschul define su estilo de consultor, también resulta un recaudo abstinente que, usado según pertinencia, evita opacar la creatividad participativa de aquellos con quienes se trabaja. No ceder frente al riesgo de convertirse en un "experto" (encomillado así para hacer la diferencia con el beneficio de serlo cuando la situación lo demanda) comporta un esfuerzo frente a una tentación no fácil de evitar. Esfuerzo considerable, si no se quiere acostumbrar el pie ni al tablado ni a la losa de la ocasión adversa o propicia con la que se está trabajando. Incluyo la calificación de "adversa" en la medida en que esas ocasiones pueden tener también su importancia. Al respecto, recuerdo el tratado que el ajedrecista Bobby Fischer tituló Mis sesenta mejores partidas, incluyendo varias derrotas. *Carlos habla en su prólogo de* derroteros *y su intención no excluye los de la derrota, como precio inevitable para abrir caminos en aquello que hasta ese momento se presenta como imposible. Derroteros donde la inventiva se afirma en la noble ficción que no oculta los hechos, alejando lo ficticio. Una inventiva capaz de generar herramientas simbólicas para resignificar imposibles, ya sea en el presente de la acción o tal vez en acciones posteriores, incluso en otros y futuros trabajos.*

Comenté que, en aquel encuentro nuestro, yo venía de conversar con un conjunto de universitarios enfrentados al azar (quién puede negar los azarosos tiempos actuales) de iniciar una práctica profesional.

En esa charla –oportunidad única y de tiempo limitado– mis funciones aparecían próximas a las de un consultor, obligadamente al paso. Una situación así demanda usar a pleno la oportunidad que se presenta. Construir presente y presencia que hagan posible enlazar las orillas del pasado y las del futuro para resignificar ayeres y conjeturar mañanas. Esta extensión bilateral del tiempo, hacia atrás y hacia adelante, configura el devenir. Una forma de la temporalidad construida a partir de la interrogación crítica acerca del momento, tal vez lejano cuando nos subimos al tren en el que pretendemos transcurrir el futuro.

13

Poco de esto fue dicho en aquel encuentro con que abro este texto, pero sin duda estaba presente para que —lo advierto mientras estoy escribiendo— me impulsara a pensar aquel "estar de paso" como un aforismo, metáfora del devenir abarcativo de toda una vida. Esto completa la idea de estar de paso, y atento.

Recuerdo, sí, haber mencionado algunos pasajes de mi disertación con los alumnos, que movieron a Carlos, días después, a invitarme —con título incluido— a escribir "De ocasiones y vocaciones".

Les dije que posiblemente algunos de ellos, o quizá la mayoría, enfrentaban un momento decisivo en cuanto al desarrollo futuro de lo que sería su profesión. Agregué que tampoco descartaba que para algunos la situación fuera aún más radical, si por ejemplo advertían que el pulso motivador de sus estudios, a punto de concluir, al menos como una etapa, no había respondido a lo que habitualmente se entiende por vocación. Tal vez porque desde los inicios se habían subido, a sabiendas o no, a una ocasión que se presentaba propicia por entonces y que ahora aparecía sustancialmente alejada de sus deseos. Por supuesto era una conjetura, ya que ninguno de ellos me habló de tal situación, pero no se puede descartar esta frecuente posibilidad.

También les dije que, haya sido atajo oportuno o camino vocacional el recorrido, en cualquier práctica profesional —incluso en el período formativo— siempre juegan factores vocacionales más o menos definidos y factores ocasionales más o menos tentadores. Que en los tiempos actuales, era frecuente que los últimos superaran en número a los primeros. Me refería, por supuesto, a las ocasiones que por su naturaleza se presentan ajenas, o al menos alejadas de la vocación de quien intenta sus primeros pasos profesionales. Que además, por escasas, son oportunidades difíciles de ser descartadas, algo que también constituye un signo de los tiempos. Proponía que todo esto incrementa el peligro de quedar atrapados en lo ocasional, resignando las aspiraciones que hasta ahí motorizaron su capacitación.

Señalé que frente a esta situación, además de la evaluación personal que cada uno hiciera, parecía oportuno redefinir de una

14

manera no habitual lo que sí es posible mantener, aun en la adversidad, como postura vocacional. En estas circunstancias, postura vocacional no alude tanto a un área específica de actividades en la que alguien despliega su deseo y hasta su pasión por lo que hace (aunque esto continúe siendo válido), sino que la ocasión no propicia obliga a desplegar, durante el tiempo que sea necesario, la tenaz intención de no resignar algo esencial a título de vocación: una manera de hacer las cosas, un intento esforzado por lograr que esa ocasión, aun adversa, apunte a transformarse en camino y no en prisión.

Recuerdo (y no puedo precisar si comenté esto con los alumnos) al poeta José Pedroni, un hombre de bastante edad cuando lo conocí, quien hablaba de la cariñosa gratitud hacia su trabajo de "tenedor de libros" que desde hacía años realizaba en una fábrica de arados. Él asumía responsablemente sus horas de contador porque así libraba el resto de la jornada para la poesía. Confesaba sonriente que, cada tanto, el bosquejo de algún verso adornaba el libro mayor de contabilidad.

Es muy probable que las condiciones que deban enfrentar hoy la mayoría de aquellos jóvenes universitarios resulten más duras que las del animoso poeta, pero el ejemplo vale en tanto impulsa la determinación de marcar, desde esa obstinada manera vocacional de hacer las cosas, trazos de "poética vocacional", aun en la ardua contabilidad de una ocasión no propicia, como huellas en un sendero que aspira a arribar al punto buscado.

Admití que no podía descartar el tono utópico de lo que estaba diciendo, pero que pretendía dar una redefinición de utopía más ajustada a lo posible. Pensar en una utopía con tópica en el presente, sin desconocer por eso un horizonte anhelado. Para ello es esencial negarse a aceptar todo aquello que niega las causas reales de lo adverso que se está enfrentando, ya sea en el ámbito del trabajo o en el contexto social. Terminé diciendo que esta doble negación, con intención desenmascaradora, se opone al mecanismo tan frecuente de la renegación, según el cual no sólo se niega la realidad que oprime, sino que además se niega que se está negando, de modo que el sujeto

queda inmerso en una mortificación por haber naturalizado las si-
tuaciones intimidatorias y adversas que le conciernen. Esta modali-
dad de renegación implica una verdadera amputación del pensa-
miento y del afecto, anestesiado por la costumbre. De ser así, se
sepulta toda posibilidad de arribar a una solución vocacional.

Este texto fue componiéndose en tono coloquial. Se diría que
resultó texto hablado, algo que suele alejar a la escritura de los re-
caudos teóricos.

Dadas la índole y las circunstancias de estas palabras,
acuerdo que tengan la impronta dialogal. Lo justifican años de
amistad con el autor y los efectos –no ajenos a lo amigo– con su
oficio y el mío; es que toda consulta, en ambas prácticas, resultan
inter-consultas, siempre dialogales, sobre todo si se atiende al cau-
dal actual y potencial de experiencia y conocimiento de quienes nos
demandan. Se habla con ellos y no a ellos.

Al respecto recuerdo que cuando me retiraba de la Facultad,
en ocasión de hablar con los alumnos, un profesor me dijo: "...es
que los alumnos no están acostumbrados a que alguien hable con
ellos, sólo se les habla...". La conversación es la manera que pre-
side este estar de paso. No en vano Altschul articula etimológica-
mente el conversar con la idea de camino.

Lo que voy a decir ahora acrecentará lo coloquial. Tenía que
cerrar este texto y darle algunos retoques durante un fin de semana
con compromiso de entregarlo el lunes. Opté por hacerlo en la mis-
ma casa de los Altschul, donde estábamos invitados a un asado. (El
plural incluye a su mujer y a la mía, de las que somos sus hombres.
Sea dicho respetando no propiedad sino derechos de género.)

Avanzado el asado, me refugié en un cuarto alejado del yan-
tar. No tenía claro cómo cerraría el texto, y en esto estaba cuando
apareció Carlos. Nos pusimos a conversar de la antigua vocación
de hospitalidad de su familia. En torno de su mesa pueden estar de
paso, o con sostenida frecuencia, las más variadas gentes. La con-
dición es la amistad y lo demás añadidura. Sería largo el listado
de quehaceres, de intereses, de ideas y de ideologías que van dibu-
jando lo que ahí se produce a lo largo de los años.

16

¿Por qué cierro con este comentario el texto? Tal vez por gratitud a la hospitalidad amiga, pero también por algo más. No olvido la diferencia entre la producción social de una reunión amiga y lo que preside los encuentros propios de nuestros oficios. Tengo en cuenta el destacado lugar que, cada vez con más frecuencia, tienen los sufrimientos e incertidumbres en aquellos ámbitos con que cotidianamente trabajamos; sobre todo en los puntuales momentos que está atravesando nuestro entorno social.

¿Qué festejamos hoy?, me dijo Carlos, aludiendo a la crisis de gobernabilidad de ese día. Tal vez la esperanza, ese estado natural del delirio –pienso ahora– recordando una frase de Cioran.

Estoy convencido de que algo esencial se produce en estos encuentros coloquiales, no ajeno a lo amigo, lo decente, a la solidaridad comprometida. ¡Qué antiguas suelen sonar estas palabras para nada devaluadas! Sostienen una manera vocacional de hacer las cosas por donde atraviesa la vida.

Así entiendo ese estar de paso en el oficio que lleva puesto, junto a las herramientas simples o sofisticadas, lo esencial que se estaba jugando, una vez más, a pocos metros en aquella mesa.

Tiene razón León Felipe: "Que no hagan callo las cosas ni en el alma ni en el cuerpo...".

Fernando Ulloa
Buenos Aires, marzo de 2003

DE QUÉ HABLA
ESTAR DE PASO

> *If you want to understand the words,*
> *listen to the music.*
>
> DAVID BYRNE

Trabajo en proyectos organizacionales. Lo hago desde afuera, como consultor. Me formé en psicología, después de trabajar en ingeniería y descubrir que los problemas que afectan a las personas se resuelven incorporándolas. No sé, a ciencia cierta, cuánto tomé de mi formación en los Estados Unidos y cuánto fui aprendiendo de Fernando Ulloa, pero sí que mi trabajo representa una vertiente distinta de las dos. A esta altura, veinticinco años de ejercicio de la profesión valen como señal de testarudez.

Aprendí el oficio colaborando con empresas y hospitales, con escuelas y estudios de profesionales, con proyectos comunitarios y con organismos públicos. Me tocó asistir a duelos/cierres y también a aperturas/celebraciones. Todos estos años lo cotidiano, sin embargo, ha sido el trabajo codo a codo con quienes intentan proyectos que trascienden el esfuerzo individual.

Confieso que me tranquiliza manejarme con el encuadre de la Investigación Acción, que me da tiempo y permite el asombro. Normalmente escribo, profundizo lo que leo y veo, tacho y subrayo lo que en ese momento adquiere sentido. Escribir es una costumbre personal y tiene un objetivo: que otros colegas hagan un camino más llano, menos complicado, en la medida en que yo pueda comunicar mi aprendizaje y evitar los rodeos.

Anoto impresiones, conceptos a medio definir, inquietudes que quiero poner a prueba. Siempre pensé que todo ese material debería incluirse en un libro. Años atrás emprendí la redacción de uno que daría a conocer lo que ya había hecho y lo que estaba dispuesto a seguir haciendo. Recogí, pues, siete proyectos que había realizado en industrias y seleccioné aspectos que pudieran tener algún interés. Escribí ese libro varias veces hasta quedar satisfecho. Después lo entregué a un grupo de colegas, y finalmente no lo publiqué. En resumen, los cajones de mi escritorio quedaron llenos de miles de apuntes, frases borroneadas mientras el Ferrocarril Roca avanzaba hacia Berazategui, manchas en las mesas del café de Humberto Primo y Defensa, protocolos algo más limpios, dudas, muchas dudas cuyo sentido hoy se me pierde porque el vértigo impuso otras nuevas.

En tareas con la Secretaría de la Función Pública me entusiasmó la posibilidad de ensayar un tipo de consultoría que fuera desde el Estado para el Estado. A decir verdad, por aquel tiempo yo no sabía mucho sobre Administración Pública e imaginaba mis relatos de terror sobre lo que se podría conseguir. Pero reuní a mis colegas como suelo hacer antes de cada proyecto importante. Me estimulaba asistir a un ámbito institucional complejo y sempiternamente denostado, un ámbito de aparente calma exterior pero de potentes ríos subterráneos. Tenía mis dudas sobre cómo abordarlo. Descubrí, o volví a descubrir, que la ortodoxia permite inventar, y con la colaboración de un equipo tenaz y lúcido hicimos muchas tareas, sobre todo en el Ministerio de Relaciones Exteriores. Desde entonces, más y más proyectos en esta especie de espiral o vorágine envolvente.

Ahora bien, ¿cómo trasladar todas esas peripecias a un texto? ¿Cómo contar de manera clara un proceso atiborrado de confusión personal? Creo que esto es posible, sí, pero sólo cuando *se admite que no se sabe.* Y ¿cómo contar, cómo animarse a develar la forma de dar ayuda sin saber, nada menos que en un campo que añora y hasta idolatra lo racional? ¿Cómo enfrentar nuestros puntos ciegos? ¿Cómo hacerlo cuando la reverencia ha perdido su atractivo? Porque si es cierto que en conversaciones y ateneos –con las ventajas de la charla a cara descubierta– alcanzamos a dejar de lado capillas y escuelas, ni bien pasamos a las presentaciones formales y a la hoja en blanco nos vemos rodeados de antiguos fantasmas: autores clásicos, maestros respetados, colegas críticos, alumnos expectantes.

Una consigna me mueve: imbuir vitalidad a este libro. Reflejar al máximo el placer que generan lo espontáneo y lo fugaz. En otras palabras, hacer una obra abierta que cuente lo que hacemos, con la urbanidad que requiere el lector y la veracidad que nos impone vaya a saber quién. Y, además, con un hilo conductor, con cierta secuencia que permita seguir las ideas, aunque sin inhibir la emergencia, aquí y allá, de lo espontáneo y lo irrelevante. Las mismas afirmaciones quizás aparezcan varias veces al correr de las páginas, y esto sucederá no sólo por fallas de estilo, sino porque así las querré yo: de esa manera. Ciertos elementos serán más densos, casi denunciando una falta de claridad en el pensamiento. En algún momento será un fragmento, y no un pensamiento acabado, el que cierre determinado capítulo. También se verán la dificultad, la inoperancia, la falta de rigor, exactamente como en el trabajo, cuando uno no sabe cerrar sino con el otro, y eso a tientas. Es que operar en lo institucional abre las puertas al ejercicio de la compañía: el que está adentro pide ayuda, quiere afirmarse en su posición de poder para hacer. Y la forma en que uno se acerca define un pronóstico.

Este texto se propone como compañía para caminantes, de la misma forma como uno propone el diálogo a los interlocutores con quienes trabaja a diario. Pensar con, hacer con, son tareas en las que se intercambian papeles: el que investiga es, a veces, el de adentro, a veces el de afuera. A veces, también, el que cuida es uno, a veces son varios. Si el proyecto avanza es porque los otros hacen.

Quisiera ofrecer, en suma, un texto que resista las verticalizaciones propias del ámbito profesional y se ubique en lo solidario: que resista la tentación de separar (pesada carga) y dé cuenta de una forma de trabajo que en casos de duda siempre *incluye.* Y en cuanto a la lectura, ojalá pueda mostrar el hilván, el descosido que señala por qué lugares respira el cuerpo institucional bajo las investiduras. Siendo ése mi propósito, a esta altura del Prólogo debería yo exclamar:

> *Vengan santos milagrosos,*
> *vengan todos en mi ayuda...*

* * * * *

Quien se ocupe de organizaciones difícilmente perderá el tiempo si lee *Bartleby,* el cuento de Melville, y *El castillo,* la novela de Kafka, dos obras que le permitirán repensar la relación entre proyectos viables y espacios que se quiere crear. Los dos escritores hablan de lo que interesa a un consultor, de eso que él se pregunta cuando escucha a personas que se proponen crear nuevos proyectos y lugares diferentes en el ámbito de un emprendimiento. Los dos evocan temas propios del organizar: Bartleby es un escribiente en la oficina de quien *da fe*; K. es un agrimensor a quien *no se le da lugar a medir* en las tierras del conde.

Bartleby y *El castillo* describen la dinámica de una intransigencia. Ambos transcurren bajo una luz crepuscular. Muestran un mundo que gira interminablemente en torno de sí mismo, sin sol. *Bartleby* en una Nueva York de lamparillas y cubreojos, *El castillo* en una aldea en que las horas pasan sin dejar rastro y las distancias son difíciles de mensurar.

En su *Estética*, Bense recuerda que Melville presenta a Bartleby, un escribiente gris que ingresa a las oficinas de un notario, ocupa obstinadamente un lugar y encontrándose desde hace mucho tiempo en el activo mundo de la oficina, se rehúsa a prestar toda colaboración y rechaza cualquier encargo que se le haga indicando que preferiría *no hacerlo*. Se convierte, pues, en un extraño, y sus palabras en un enigma cuando irrumpen en un mundo en el que, como en toda oficina, hay que desempeñar el papel que a uno le han otorgado; en el que una palabra que no pertenece al texto resulta incomprensible o provoca estupor. Kafka, a su vez, describe las tribulaciones de quien jamás hollará/hallará el ámbito anhelado. K. llega bien entrada la tarde a la aldea del castillo para obtener de las autoridades del condado el puesto de agrimensor, y se convierte en un extraño porque el papel que quería desempeñar no ha sido previsto en el castillo. Entonces pretende obtener una entrevista y para lograrlo pide ayuda a dos misteriosos asistentes. Como respuesta, recibe un lacónico *ni mañana, ni ninguna otra vez.* (Bense dice que todo el relato confirma esta doble negación mediante hechos.)*

Son cuentos de individuos y de proyectos personales, de espacios ocupados de lleno sin tarea, de relaciones carentes de intermediación. Bartleby se silencia, impone y desaloja; a K. lo aíslan, persiste y no franquea el portón. Bartleby y K. son llamativos porque, en contextos de penumbra, recitan oraciones condenadas al monólogo. Bense introduce estas ideas bajo el sugestivo título de "consideraciones metafísicas", vale decir especulaciones generales sobre la esencia de la relación entre una persona y el

---

* Ulloa habla de la doble negación, de negar que se niega, como una de las características de la encerrona trágica.

universo. Habla de lugar/tarea, de roles/personas desenvolviéndose en viejo/nuevo sitio, y dice qué ocurre cuando habla sólo uno, cuando uno habla solo. Alude a una dinámica que conduce al estancamiento.

Salir de la parálisis exige una intervención, requiere abordar la trama propia de ese enfrentamiento que es confrontación interna en cada uno, y con ese lugar en donde viven muchos otros. Hace necesario conversar (*conversación*, sí: del latín *vers*, camino; hacer un mismo camino juntos), aunque recién se acepte hablar cuando la tensión entre una persona y el espacio institucional que habita sea reconocida como paradójico y ese reconocimiento lleve al diálogo (inicialmente entre quienes así lo viven, quizás con terceros cercanos y comprometidos, eventualmente con otro externo y trasterrado). En el último caso hay tiempo de consulta: alguien interviene y es útil en la medida en que crea un espacio/tiempo donde se expresa lo que se hizo, se hace o se podrá hacer; lo que se piensa, lo que se supone, se teme, se acusa. Quebramos así un *compacto* –según la física, sustancia o conjunto de cosas con pocos huecos o intersticios; según la sociología, concordato que sobrentiende una relación–, y quienes ya están allí o se encuentren cerca escucharán proclamas, pregones y filípicas, llantos y rechinar de dientes, enunciaciones, insinuaciones, invenciones, propósitos y razones. Previos/concurrentes con el hacer.

Quien inter/viene en un emprendimiento descuenta que éste puede abordarse de formas alternativas y complementarias: como red de tratos; como razón social con cargos en un organigrama; como edificio, pisos, pasillos y escritorios; como amparo y contención de la angustia. En el emprendimiento hay una voluntad de arquitectura, y también un lugar consagrado que el imaginario cotidiano concibe como estable y continuo. Para sostenerse en ese ámbito, el que ocupa un lugar adquiere saber y poder indagando sobre las claves del juego, incorpora sus propios apetitos, sus circunloquios, para perpetuarse allí; resuelve problemas, arma coaliciones, elude dilemas. Utiliza cada amenaza para fortalecerse; cada instancia lo consolida. La realidad que edifica no admite espacios vacíos. Allí cada uno sabe: sabe lo que sabe, lo que quiere y lo que puede. Aprende para instalarse y quedar del lado de adentro. Cuanto más se afiance, más distante colocará un "afuera" que, comparativamente, le demandaría mucho esfuerzo.

Pero ocurre que "afuera", hoy, soplan huracanes: las estructuras son penetradas, las organizaciones se vuelven virtuales, las instituciones sienten malestar. El desconcierto cunde y los hombres saben que no saben, saben que no pueden, que no alcanzan lo que quieren. En un cuadro de estructura-organización-institución, se reconocen como miembros amputados. ¿Cómo conversar para ocupar un lugar en un vacío que se modifica mientras nos detenemos? Experto en congelar la realidad para poder aprehenderla, asirla, ¿quién abre la boca cuando lo que pueda decir será efímero o, en todo caso, interesado? El que sabía acepta ahora que todo lo que pueda pensar y hacer será inadecuado. En esa incertidumbre, ¿convoca?

El consultor es externo y no ajeno –*ajeno*, opuesto a propio, sin ser impropio; *extraño*, de afuera, sin dejar de pertenecer, sin ser inusual–. Externo se aplica a quien no come ni duerme en el sitio en donde trabaja. Podría operar si tuviera sangre fría, cabeza despejada y los nervios de acero que no posee. De ahí la mente en blanco (si no despejada), el ritmo acompasado (si no sangre fría), la cabeza despeinada (si no nervios de acero).

Estar de paso recoge reflexiones sobre procesos que siempre incluyen a un distinto, a un tercero, alguien de afuera, desvinculado, pero que representa el papel de un ajeno no extrañado, un extraño no alienado. Habla de derroteros, de derrotas, de la *derrota* entendida como *rumbo*, como la dirección que lleva la nave, como la línea que se indica en el mapa, pero también –etimológicamente– como el "levantamiento de la prohibición para que entren a pastar los ganados en un coto". Esta última acepción, que viene del francés *déroute*, que a su vez viene de *rompre*, coincide con el español *romper* y permite comprender por qué algunas empresas no quieren quebrar la ilusión de seguir siendo gananciosas, por qué otras siguen diciendo "antes estábamos mejor".

Estar de paso es el libro (digamos, el lugar) en el que resumo, rezumo. Yo, que me gano la vida consciente de que cualquier cosa que crea dar por sabida de poco servirá al otro, y que aprendí a saber que lo más prudente es acercarse con respetuosa ignorancia, armando espacios que no excluyen la posibilidad de la *derrota* (que también significa "ser vencido": al no convencer, vence uno solo). Esto es *Estar de paso*: un relato de experiencias de intermediación para ampliar campos, del descubrimiento de lugares existentes y, simultáneamente, del previsible fracaso, de los que *Bartleby* y *El castillo* serían las metafóricas fronteras, el coto en el que trabaja la consulta siempre que haya con quiénes –como el escribiente– elegir qué límites colocar, y quiénes –como el agrimensor– se proponen para hacer lo que nadie todavía hace.

Sin embargo, sin embargo... Prematuro y tardío, atinente y desatinado, jugando entre límites o dislocado –fuera de lugar–, el intercambio crece. Crece en los pasillos, en los excusados, en las salidas y las entradas, en todo aquel lugar donde haya intimidad y contacto con los márgenes. Porque por más necesidad que exista de crear un espacio, no se lo ocupa con el simple reclamo, ni con la airada reivindicación, sino solamente cuando se hace charla cotidiana, cuando se enuncian utopías y se toman en cuenta restricciones. Cuando se organiza. Es decir, cuando esa charla se sostiene en la maravilla de las probabilidades y en el preanuncio de su interrupción: aprendiendo para la próxima. En esas ocasiones, cada uno se encontrará de pronto sobrecalificado e infraidóneo, pero en uno u otro caso siempre fortalecido con los de adentro.

* * * * *

Hace unos pocos años, profesional de la intervención organizacional era el que no sabía. Su participación se sustentaba en que todo lo que había aprendido quedaba suspendido en el momento de actuar. Ese era el arte, el oficio, la artesanía, la práctica. Esa decisión de suspender creaba la profesión: ese lugar efímero, desde donde hablaba, le daba identidad. Los otros, los que consultaban, encaminados en proyectos estructurados por una ocupación estable (establecida), contaban sus preocupaciones en función de lugares que vivían como ciertos y en los cuales cifraban un sentimiento de pertenencia y autoridad. Eran unos pocos individuos que tenían una aureola de esclarecidos y sorprendían a los demás porque se aventuraban a cuestionar antes de que ocurriera lo irremediable. Hoy, en cambio, muchos lugares desaparecieron o están en vías de desaparición y se admiten como obsolescentes. Los sobrentendidos se anulan y se borran, y entonces nadie sabe lo que sabía: en una nueva circunstancia, el conocimiento mismo pierde un poco de verosimilitud.

El que está de vuelta viene de un lugar que ya no importa. Mientras el pasado quede desacreditado y esté prohibido pensar el futuro, seremos puro presente. Operar cruzando el no-saber profesional con el no-saber de los legos exige el reconocimiento de la desesperanza de quienes se sentían afianzados e incólumes y hoy están angustiados. El canje de lugares (la misma ausencia de lugar) los aterroriza, y el punto de partida de la conversación se acelera o atrasa según si el interlocutor es un Bartleby o un K., un oficinista o un agrimensor. ¿En todos los casos lo que la conversación conlleva es un pedido de amparo? Para ir del pánico al amparo.

Del amparo hacia la individuación. ¿Tarea nueva? Susanne Linke recuerda: *What I say is not new, but it is new always.* Lo que digo no es nuevo, pero se renueva eternamente.

* * * * *

Para cumplir con ese trabajo me levanto diariamente. Es cierto que a veces me angustio, pero la mayor parte del tiempo me mueve la curiosidad y disfruto con lo que hago. Abro libros al azar para prepararme. Entablo charlas con desconocidos. Tomo largas duchas, porque es la plácida forma de repasar una por una todas las convicciones que mantienen mi calma: reunir a los que no se conocen; deshacer dispositivos imaginarios; crear otra manera de hacer, reconstituir capacidad operativa.

Entiendo poco a quienes trabajan en empresas; me cuesta entenderlos, me sorprenden. Entonces escucho, y ellos me regalan frases que recojo vorazmente y repito literales cuando tengo que ilustrar algo en algún otro proyecto. *Doppo che mi lo hai detto l'ho indovinato subito.* Aprendí, además, con Joyce, que *epifanía* es el momento en que se entrevé la trama. También aprendí de Güiraldes que un relato de desarrollo personal puede terminar con el párrafo "Centrando mi voluntad en la ejecución de los pequeños hechos, di vuelta mi caballo y, lentamente, me fui para las casas. Me fui, como quien se desangra". Y de Cambaceres aquel aullido final "¡Vida perra, yo te he de arrancar de cuajo...!". Es decir, aprendo de ficciones lo que la ingeniería a veces posterga. Leo novelas para ubicarme bien en la ficción cotidiana.

Me interesan los emprendimientos. Acompaño haciendo camino; cambiando el ritmo. Hay un corto acá, hoy, un elusivo después, ojalá, y en el medio, las transiciones que para ser efectivas se harán por aproximaciones sucesivas, tendrán duración limitada y serán medidas periódicamente (cosas que sí contempla la ingeniería).

Si la experiencia me toca y me llega, trato de quedarme con quienes ensayan el diálogo, como quien juega a la mancha venenosa. Si no me contaminan, pienso que trabajo mal (a veces eso coincide con una contractura en el cuello). Cada proyecto me enfrenta con coaliciones que compiten y colaboran: hay pasión en ellos, tienen dudas. Si me incorporo, me digo que son valientes, porque yo no sabría qué hacer en su lugar. En esos momentos recuerdo, incluso, que yo no tengo por qué saber lo que podrían hacer ellos. Lo único que debería saber es que todos están entre la opción de un proyecto que los fuerza/vuelca al pasado y otro que los violenta/lanza al futuro, y que mientras deciden entre pasado y futuro yo estoy de paso entre ellos. (Digo: entre su pasado y su futuro.)

Estoy afuera. Trato de que cada aparición pueda ser la última e intento que ese cierre les ayude a abrir otra instancia más, conmigo o sin mí, de forma que si nos volviéramos a ver podríamos hablar de qué hicieron con lo que les pasó. Me gusta que esto último ocurra: que los dispositivos se conviertan en instrumentos de uso diario. Me siento bien cuando me saludan por la calle.

Para llevar adelante mi trabajo, exagero las restricciones propias de mi papel: adelanto crisis, señalo contradicciones, advierto que el mío es el espacio del que no tiene lugar y entonces imagina con ellos. Unas pocas veces logro decirlo sin ahuyentarlos, y trabajo. Otras veces, por mi propia mezquindad, ayudo a gatos pardos. Sé bien que cada cual cuida de sí mismo, y en la medida en que lo haga será puente de otro; un puente que cuelga del hilo de las conversaciones y que a la vez separa y une; que interrumpe lo que había estado unido, tanto como lo que, tensado, cortaba. Y que se destroza por peso propio.

Mi función está, precisamente, en la posibilidad de que alguien se sienta *interrumpido*. La consulta se ve como un corte, bienvenido a veces. Entre ellos –los de adentro, los que se sabían a salvo– señalan el derrotero, la posibilidad de derrota. Y cuando se siente que lo automático no será más útil en el futuro, se instala entonces un lugar inhóspito. Allí donde había un estado de cosas, aparece una cuña que obliga a hacer cosas nunca antes hechas. Es como construir un local, una localidad que se puebla de varios que no saben, de nuevos/viejos que observaban y ahora se reparten lo que estaba/por estar. Queda inaugurado un local del cual pronto se irá el que vino.

Por eso digo que el consultor está de paso, va de paseo, entendiendo por paseo cualquier camino cuyo destino no es conducir de un sitio a otro –como cuando uno circunvala una muralla–. Es, mejor, un camino repetitivo pero singularmente diferente, y esa singularidad y esa diferencia le dan sentido a las ligazones y a las separaciones.

Tomo apuntes en entrevistas y reuniones de todos los días, de la misma manera como un alumno anotaría esquemáticamente, apurado, las ideas de alguien que pasó por la clase, para leerlas después en la tranquilidad de la casa, de su *domus*, de su dominio. Como ese alumno, yo también vuelvo a casa y descubro que lo que escribí era cualquier cosa, que lo que se me escapó por mi afán de anotar era lo verdaderamente importante. Entonces incorporo esa pérdida. Pero también paso en limpio, agrego comentarios y preguntas al margen, y vuelvo a ellos a medida que el proyecto avanza. Serán mis puntos de reparo.

En este texto incluyo apuntes más trabajados, más decantados. Fueron conversados en congresos, debatidos en clases y se nutrieron de muchas ideas de otros como, por ejemplo, las de Max Bense. A propósito de Bense, diré que haber comprado su libro en la esquina de Viamonte y San Martín allá por 1958 atestigua mi obstinación. Que lo haya tomado entre mis manos para hilvanar este escrito me recuerda que la casualidad también es fruto del contexto que uno crea alrededor de sí.

Pretender reflejar aquí la suma de mi no-saber sería una desfachatez. Sin duda, yo hubiera escrito algunas palabras con su correspondiente contracara. Hubiera dicho, por ejemplo, rápido/lento, tonto/inteligente, y en algunos casos hubiera hecho circular significados como en el caso de problema/conflicto/dilema, sin darle valor a cada uno de ellos por separado. Pero temo que esto hubiera confundido aún más al atribulado lector. Escribo, en fin, *Estar de paso*, con la esperanza de que algún otro apoye sus proyectos en estos bosquejos.

A ambos lados de la calle que conduce a "Los Dos Robles", que más de una vez recorrimos conversando con Fernando Ulloa bajo las casuarinas, hay dos imponentes troncos apoyados sobre tocones. Dan la impresión de cerrar el paso, como indicando que la entrada está prohibida, salvo a los que reconocen que el vallado muestra el camino. Para seguir, penetrar, superar los "lomos de burro", sólo hay que fijar la mirada, acompasar el tiempo y mantener el volumen.

CARLOS ALTSCHUL
Buenos Aires, marzo de 2003

SOBRE EL USO DE CIERTAS PALABRAS

Primero mostrame la parte que no se mueve.

M. MINDLIN

Cada vez que dos o más se acercan a un proyecto explicitan para qué lo hacen, las normas con que se desarrollará, el plan para allanar el camino, de modo que otros adquieran el manejo del proceso que vivirán. Trabajar con adultos exige adelantar los propósitos, mostrar cómo se llevarán a cabo y hacerlo de manera que puedan apropiarse de los criterios y la herramienta.

Nuestro abordaje tiene esa ideología y los resultados refuerzan la convicción. Detalla las metodologías utilizadas y pretende contribuir al desarrollo de la práctica. Ahora bien, de la misma manera como la máquina en la que opera el trabajador no es la figura con la que piensa el ingeniero y está presente en el plano, ni puede ese diagrama reducir artificialmente la complejidad de la invención mecánica, un texto en dos dimensiones no da cuenta de la forma en que un cuestionario o una tecnología de gestión se encuentran con una trama social, aunque ayuden a cernirla.

Para contribuir en el proyecto respetándolo, el consultor mira y conversa sobre aquello que lo sostiene. *Sin darle nombre.* Mientras opera debe ser capaz de soportar ese proyecto sin categorizarlo. Si lo hiciera, estaría materializando un pelele. Tendería a actuar en función del muñeco: trabajaría movido por esa atribución y perdería los miedos y las pasiones que dan vida al nuevo emprendimiento.

Ahora bien, el cliente –el lector– carece de distinciones. A ojo descubierto no alcanza a observar. Porque lo que es obvio para el que escribe puede ser inobservable para el que lee. Entonces, como en la consultoría, la estrategia, el camino virtuoso, siempre pasa por incluir un modelo –un modo de ver– por más que sea un *muddling through* (Pettigrew), un andar como un ciego y a tientas.

Es verdad, la foto de la vaca no es la vaca; y ¿el mapa será el territorio? Los instrumentos facilitan el barrido de un camino para empezar a andar: no son escoba nueva, no barren bien, pero brindan la base para avanzar en la medida en que los participantes se inclinen sobre la singularidad del caso. Cumplen la función de tranquilizar, ayudan a entender en qué campo se desarrolla la acción. En ese sentido, la consultoría tiene un efecto terapéutico: puede enseñar a leer la realidad de otra manera, y otorga capacidad prospectiva.

Además, el de adentro necesita nombrar. Y el consultor propone un marco, cuanto más simple mejor. Comunicarse para debatir la artesanía exige ciertos compromisos, y el primero de ellos es compartir las señales con precisión. De manera que ciertas palabras serán usadas en este libro como una forma de racionalización, para favorecer el anclaje común. Sin embargo, probablemente este sea el único lugar en que aparece más de una de ellas. Las necesita el autor, aunque no las use más adelante.

He aquí los términos que creo conveniente explicitar:

Abordaje crítico. Resume las acciones elegidas por los participantes, que permiten, a una *constelación cultural*, instrumentar un proyecto diferente.

Constelación cultural. Es la complementación de microinstituciones que configuran una cultura organizacional (que no es monolítica). Hablaremos de constelaciones culturales predominantes.

Impulsor. Cualquier elemento externo o interno que vehiculiza el proyecto.

Inhibidor. Cualquier elemento externo o interno que obstaculiza el proyecto.

Intervención. Es el trabajo del consultor. Será exitoso en la medida en que, a partir de su inclusión, una persona o un grupo entiendan algo de manera distinta y modifiquen algo en su proceder. Responde a una *necesidad sentida*, provoca alivio y asombro, plantea un "antes" y un "después", altera intereses y expectativas.

Necesidad sentida. Es la percepción de aquello que da lugar a la intervención.

Proyecto. Es lo que surge de lo que se proponen diversos grupos o sectores.

Puntos de reparo. Son indicios que le sirven al consultor como referencias personales para ubicarse ante una constelación cuyas acciones va observando.

Recaudos. Son acciones que se han de emprender para evitar consecuencias indeseables en el proyecto.

Repertorio. Es la suma de las microinstituciones de una cultura singular que sirven de base al modelo que construye el consultor. Para distinguir cada una, él agregará los matices y la riqueza conceptual de los que sea capaz.

EL ABORDAJE
DE LA INVESTIGACIÓN ACCIÓN

La medicina es lo que hacen los médicos.

MICHEL FOUCAULT,
Historia de hombres infames

La posibilidad de realizar una consultoría* con el modelo de la Investigación Acción** surge cuando cierta situación desconcierta a sus protagonistas, hasta el punto de que se ven impulsados a llamar a un tercero. Es un hecho delicado, porque lo que se espera de un adulto es que resuelva problemas y encare conflictos sin ayuda. Si esto es difícil para cualquiera, lo es aún más para quienes actúan en cargos de responsabilidad, ya que se descuenta que en su campo cada uno se basta a sí mismo.

En tanto profesión de ayuda, la consultoría en Investigación Acción reconoce este hecho y recomienda el uso de procedimientos que dan garantías al cliente.

---

* Una consultoría es, por definición, un proyecto acotado. Acotarla es, además, la mejor medida para mostrar lo que hace, y no porque se la recorte desde otro lugar.
** Intervenir en una organización implica la tarea múltiple del psicólogo: rehabilitación, clínica y preventiva. La rehabilitación se refiere a la reeducación, adaptación o recuperación funcional de un paciente; el trabajo clínico se ocupa de trastornos que exigen el apoyo de un profesional para elaborar o restituir procesos a su nivel sano; y es tarea de prevención orientar esfuerzos al desarrollo de mecanismos estructurales de eficacia. Trabajar con empresas con fines de lucro no presenta dilemas mayores para el psicólogo en la medida en que éste recuerde y ponga en práctica lo anterior.

¿La consultoría es una práctica?

El consultor aprende haciendo: se convierte en lo que hace trabajando en el campo, sobre casos individuales, circunscriptos, y conversándolos con colegas. La teoría se alimenta con el ejercicio repetitivo: de ahí el uso de las palabras arte, artesanía, oficio, práctica.

Cada consultor reflexiona a partir de una conceptualización que le es propia, surgida de un proceso que incluye las observaciones que él hace a medida que realiza su actividad trashumante, el intercambio de ideas y los diálogos después de participar en proyectos específicos, y el análisis de las consecuencias de esa participación. De semejante labor cotidiana, a la que se agregarán de manera informe sus lecturas y su historia personal, emergen el marco y los repertorios a los que refiere todas sus observaciones. Los hay, por supuesto, muy variados y para todos los gustos, pero los que se sostienen a través del tiempo se basan en unos pocos preceptos.

Aquellas observaciones, a su vez, se filtran a través de marcos teóricos –a menudo contradictorios– desarrollados por autores respetados y enriquecidos por colegas. Sirven para articular ideas y dar prioridad a nuevos dispositivos que permiten continuar el relevamiento. De tal modo, se busca que la próxima intervención quede acotada a la experiencia del campo inmediato del otro, libre de las preferencias del consultor. Así, el análisis de los efectos expresará evaluaciones que podrán ser discutidas y compartidas con terceros. Al cumplir con estos requisitos, la consultoría adquiere visos de práctica científica. (El escrúpulo es la forma que adquiere el respeto por quien nos enseñó.)

Esto tiene una especial importancia en el campo de las ciencias sociales, en el que existen teorías diversas, no sólo de la psicología y sociología, sino de la administración y de otras varias disciplinas a menudo transitadas por el consultor en función de cada situación concreta. Son aportes que alimentan el marco de referencia, pero esos preceptos y recomendaciones multidisciplinares quedan latentes cuando el consultor trabaja en lo concreto, se centra en la singularidad del caso y hace, así, artesanía (Lévi-Strauss habla de *bricolage*).

Cliente y consultor se convocan mutuamente

A veces el que llama es el cliente. Con más frecuencia, sin embargo, la convocatoria al consultor surge del encuentro provocado por uno y otro. Ese encuentro se produce gracias a una espontaneidad cuidadosamente elaborada. Existen derivaciones, sí, pero convocarse exige, a menudo, un esfuerzo sostenido. Así como el cliente tiene dificultad en llamar a un consultor, éste, en tanto miembro de una profesión independiente, se incomoda ante la necesidad de "vender sus servicios", y procura mantener autonomía, porque comienza desarrollándose con la fantasía de que "ante una necesidad, seré llamado".

Sea como fuere, el hecho cierto es que cliente y consultor se encuentran y reencuentran en enclaves de trabajo, en lugares de intercambio institucional y académico, en aeropuertos,* en la calle, porque el primero necesita entender puntos de vista diferentes sobre los problemas que lo preocupan, y el segundo procura enviar mensajes sobre su disponibilidad.

Los diálogos y las consultas surgen, a veces, en forma explícita, con preguntas y respuestas en círculos pequeños, pero generalmente el cliente busca mantenerse a la escucha

---

* Algún día habrá que documentar los avances logrados por la consultoría en no-lugares.

de nuevas formas de solucionar sus problemas, y el consultor se coloca al alcance de las necesidades puntuales de su interlocutor. Mientras se anuda la relación que dará lugar a un pedido formal habrá, además, llamadas, encuentros personales y acercamientos profesionales. Consciente de que la naturaleza de las organizaciones hace que los conflictos sean previsibles y temidos, el consultor inicia entonces una práctica itinerante para mostrarse, desmitificar su oficio y acelerar la probabilidad de una colaboración.

Así pues, el consultor es invitado a contribuir en proyectos para los cuales se presentó mucho tiempo antes. El vínculo se construye de a poco, mientras el cliente se asegura que quien lo ayude responda a ciertos cánones que resguarden su intimidad y no atenten de manera desmedida contra sus acomodamientos a la realidad (los que, precisamente, provocaron la necesidad de convocar a alguien de afuera).

Se atribuye a Einstein esta frase: "No resolveremos los problemas de hoy con los mismos abordajes con los que los creamos". En ese sendero de bosque soleado, interrumpido por tormentas y neviscas, consultor y cliente se acechan amistosamente. Y esta relación sólo podrá comprenderse por el absurdo: sería raro que un cliente llame a un consultor al que no conoce, y que de esa convocatoria surja inmediatamente un proyecto de cooperación. Cuando esto ocurre, y cuando se constata que la complementación ha sido efectiva más allá de la suerte y los talentos puestos al servicio del proyecto, se descubren elementos que explican los cuidadosos mecanismos previos que permitieron tal eficacia.

Sin relación no hay trabajo

El vínculo requiere que el consultor sea visto como idóneo, tolerante y comprometido. Sin estos atributos, difícilmente se lo considere asociado a la suerte de un proyecto como el que preocupa, y menos aún se lo asocie al papel que debe desempeñar.

Cada proyecto dará peso diferente a estos tres atributos y pondrá mayor o menor énfasis en componentes de cada uno de ellos, pero se descuenta que el consultor es capaz de resolver problemas que el otro no puede encarar solo (debe comprender, respetuoso de la idiosincrasia del otro; y debe poder involucrarse en el alcance de ciertos logros vitales)*.

El cliente son varios; por extensión, todos

En ciertas situaciones definir quién es el cliente presenta complicaciones, más allá de que el consultor descuenta que quien paga no es necesariamente el "cliente", sino todos los involucrados en el proyecto en ciernes. Sin duda hay límites y definirlos con quienes contratan es una de las primeras preocupaciones, porque en empresas en las que el criterio de jerarquía supone subordinación, la concepción del consultor sobre su vínculo cuestiona principios tradicionales de autoridad. Para aclararlo valen consideraciones instrumentales y profesionales.

Por de pronto, ningún proyecto es viable sin avales, y la intención de una consultoría no es sólo superar una dificultad puntual, restituyendo capacidad operativa y recomendando una acción correctiva, sino que habrá de instalar condiciones que prevengan la emergencia de nuevos

---

* Parte de las dificultades de un caso, más allá de la incompetencia del consultor, pueden explicarse por la dificultad para estructurar vínculos que generen un proyecto alternativo. Y algún caso podría haber prosperado si el consultor hubiera demostrado más flexibilidad, pero posiblemente fuera nuevo en la materia y se hallara aún fascinado por la tecnología empresaria.

sucesos. Esto se logra en la medida en la que personas afectadas por intereses encontrados participen y se involucren. Pero además, desde el punto de vista práctico, toda decisión de compra exige tener en cuenta la complementariedad de los roles del usuario, del especialista técnico, del recomendador, del vetador, del pagador; vale decir que aun en servicios menos comprometidos que los de consultoría la noción de cliente abarca a más de una persona.

En su medida, cada sector y cada nivel de la organización incorporará aportes con derecho a poner límites, definirá contenidos y prioridades, y establecerá su nivel de compromiso. De esta manera, seleccionando en forma secuenciada a quienes aporten sus criterios y necesidades, se podrá tender a que el proyecto sea distinto y viable.

¡Ajá! Tarea primera: el esclarecimiento

La tarea principal del consultor no es el cambio. Él se propone comprender una situación, y es imprescindible que quienes sufren esa situación tomen conciencia de su estado actual y de los trastornos que provoca, antes de poder pasar a la acción. El relevamiento pocas veces es académicamente puro –se basa en elementos simples que "los de adentro" puedan reconocer como válidos–, y casi nunca se respalda en universales sobre los cuales expresar una opinión de perito. Los relevamientos sobre "la cultura", completados en un par de horas y con una herramienta que sobresimplifica la realidad organizacional, difícilmente sobrevivan el escrutinio de terceros independientes.

Hablamos de esclarecimiento y varios motivos explican la necesidad de hacerlo. Por una parte, la consultoría no justifica el desarrollo de elementos sofisticados con los cuales hacer un relevamiento. No hay una etiología, ni categorías que permitan distinguir un caso organizacional de otro. No disponemos de una casuística con criterios consensuados que admitan pasar de casos individuales a tipificaciones genéricas. Más aún, la singularidad de los casos hace antieconómica la sistematización exhaustiva de cada uno de ellos, y la naturaleza del abordaje demuestra que la información se genera gracias a la intervención y en función de la participación activa del consultor. La Investigación Acción sugiere la conveniencia de operar desde la práctica puntual, para elaborar marcos singulares desde los cuales colaborar en el desarrollo de respuestas idiosincrásicas en cada caso. Por último, la redacción de un diagnóstico elaborado muchas veces cumple con el requerimiento formal de una instancia jerárquica que permitirá cobrar un honorario, o de las normas pertinentes que hacen posible su inclusión en un congreso académico que no afecta las expectativas de un grupo corporativo, pero no sirve para mejorar un pronóstico ni para elegir los dispositivos de intervención útiles a quienes viven la organización.

Lo acostumbrado, para avanzar en el proyecto, es lograr que el equipo de contrapartes* releve y convalide información: hablamos de diagnósticos operativos, vale decir, análisis dinámicos de puesta en común a través de diálogos y anotaciones que tienen carácter de borradores, de papeles de trabajo, y sirven para agregar y tachar a medida que se avanza.

El consultor suma preguntas e información que alteran el curso del relevamiento y cuya intención es producir esclarecimiento, porque advierte cómo sus observaciones son procesadas por el cliente y si acaso agregan o se desatienden, con lo cual ambas partes dialogan tanto sobre las

---

* Hablamos de contrapartes, así en plural, porque el consultor no está solo frente a un mundo unitario y monolítico sino que interviene diseminado en una situación dialógica, en una polifonía que se nutre de las voces de muchos.

dificultades de metabolización de información como sobre los mecanismos que mejor sirvan para desarrollar las soluciones requeridas.

El consultor cuenta con marcos referenciales que presenta en actividades de capacitación y somete al debate en una asamblea de pares para acercar "diagnósticos". Sin embargo, hace hincapié en la singularidad del caso, porque la generalización quizás eventualmente sirva para que el de afuera comprenda pero posterga el pasaje a la acción de los de adentro.

El consultor es "de afuera"

La mayoría de las situaciones que se presentan en una organización son resueltas por gente competente en el ejercicio de sus cargos. Son "de adentro" en tanto resuelven la situación en el marco de sus atribuciones y de la flexibilidad tolerada por el equilibrio entre las subculturas del medio en que operan. Cuando esto se dificulta, es necesario incluir a alguien "de afuera" para aportar frescura, objetividad y alivio.

"De afuera" no significa que el consultor deba ser de "otra" organización. De hecho, la mayoría de las consultorías son realizadas por profesionales que, ejerciendo un rol formal en una empresa, asumen el papel de consulta, adoptando la posición propia de un staff. Actúan "desde afuera" a pesar de que pertenecen a la misma organización. Para hacerlo eficientemente es necesario que asuman un alto nivel de autonomía en la estructura de poder, y esto puede ser inusual –no imposible– en una organización compleja.*

---

* Sobre el papel del consultor "de adentro" ver el capítulo "El lugar de los que no están de paso", en este libro.

Lo imprescindible es tener condición de externalidad, vale decir tener la capacidad de funcionar como tercero, y por lo tanto "en discordia" en un ámbito en el cual los otros no alcanzan a despegarse de la situación que preocupa.

"Externo" alude a la capacidad de operar equilibrando compromiso y distancia, con un mayor nivel de objetividad que los que están en la causa, y con posibilidad de "entrar y salir" sin sufrir deterioro en su desempeño. Por lo tanto, es necesario ser externo para ayudar a los protagonistas a ocuparse de encaminar sus problemas y conflictos, pero no es imprescindible ser un profesional independiente. A menudo, por su formación, los colegas que trabajan en relación de dependencia en un sector ajeno a aquél en el que se desarrolla la acción tienen las garantías para operar con suficiente neutralidad y autonomía.

Sin embargo, el desarrollo de la profesión y la complejidad de las estructuras organizacionales hacen que los "de adentro" no siempre estén habilitados para adoptar conductas de ajenidad para poder operar con pertinencia en consultorías de proceso. Por de pronto, en organizaciones voraces, en culturas facciosas, esto es imposible.

La consultoría empieza por donde se puede

Es mejor empezar "lo más arriba posible", y cuando la convocatoria viene de "más abajo" hay que asegurarse de que "los de arriba" estén comprometidos con la consulta y con los proyectos que de ella emerjan.

La dificultad está en precisar cuál lugar es "el arriba", más allá de las personas u organismos a quienes reportan quienes convocan al consultor. La mayoría de las veces, lo más que se puede pretender es lograr la tolerancia de ese "arriba" para iniciar un proyecto y ganar su atención y apoyo a medida que se avanza.

Ganar acceso no significa hacerlo de cualquier manera, pero ya que siempre "hay otro más arriba" lo vital es involucrar a quienes están "arriba del primero que pide", a quienes están "afuera e importan", y a quienes están "abajo y saben".

En los proyectos con organizaciones, el que convoca es por definición operativa el "de arriba", en tanto se propone conducir un proyecto piloto de reflexión y cambio. Parte de la definición de un proyecto es acordar cuáles son sus límites y, al hacerlo, mostrar qué "arribas" y qué "afueras" deben tenerse en cuenta.

En inglés se habla de *stakeholders*: socios comanditarios, interesados externos en que cierto proyecto tenga éxito. La consultoría toma en cuenta las responsabilidades de quienes convocan para con esos terceros interesados, de forma tal que el proyecto sea viable. Y toma en cuenta a los supuestos "de abajo". Porque si la consultoría es exitosa, se desdibujan adentro y afuera, arriba y abajo.

Normalmente se empieza por los niveles cercanos a aquel del cual proviene el pedido, y se opera dentro de estos límites, previendo consecuencias en función del posible buen suceso de lo que, en esencia, es un miniproyecto. En ese sentido, se trabaja "entre nosotros, con nosotros" allí donde quienes convocan tienen autoridad para invitar a otros, de afuera, de al lado, de arriba, de abajo, a incorporarse. Un proyecto convoca –de por sí– a quienes más afectados están, pero comunica, a través de resultados. De otra manera se compromete su viabilidad y su continuidad.

Sin duda, es más prudente participar de un proyecto que tiene el aval de los responsables máximos (dueños, socios principales, presidente o gerente general, director del área, gerente de la fábrica). Pero muchos programas introducen modificaciones sustanciales a partir del efecto modernizador de una tecnología o de un reposicionamiento de mercado, y en ese sentido se instalan a partir de una racionalidad comercial o tecnológica no primordialmente jerárquica.

La tarea del consultor es propender a un esclarecimiento que va más allá de la noción clásica de gerenciamiento. De esta manera ayuda a instalar programas de transformación en los que el "afuera" sea tanto o más crítico que el "arriba".

El consultor recorre

Es función del consultor dar una impronta especial a las tareas que hace con el cliente. Su presencia debe ayudar a convalidar lo que los otros saben, y a señalar rumbos que lleven a lo que todavía no se deciden a hacer. Con ese objetivo crea ámbitos que puedan imbuirse de contenidos distintos de los ya existentes: la sorpresa derivada de esto es camino de institucionalización.

Hay quienes lo hacen apareciendo poco, y en actividades estructuradas, con fines demarcados. En esas condiciones es casi obligatorio asumir el rol de experto y la tarea se limita a un asesoramiento. La mayoría de los consultores pueden cumplir con esa función dramática* limitándose al pedido y convalidando, sin decirlo, la cultura predominante.

Por el contrario, el que desee colaborar en un pedido de cambio debe asumir una tarea trashumante, conversar con quienes se encuentre en distintas horas y lugares de trabajo, hacer preguntas tontas, cuestionarse lo obvio. Con ese horizonte de referencia, es posible que brinde algo que sea reconocido como útil, no sólo porque aumenta la probabilidad

---

* ¿Por qué dramática? Me atengo al significado clásico de esta palabra: "momento de intensa emoción y angustia".

de ser visto y de ver, sino porque con ello se incrementa la posibilidad de que queden a la vista sus propias limitaciones.

Los consultores internos competentes hacen esto en forma sistemática. La naturaleza del contrato con el consultor externo, por otra parte, limita las ocasiones para caminar sin rumbo, perdiéndose para observar sin mirar, hecho que se soluciona explicando la necesidad de incluir este requerimiento en las condiciones convenidas.

Todo lugar es ámbito de consulta cuando está investido de pertinencia y de respeto por el cliente. El consultor, según el caso, acepta encontrarse y define dónde reunirse para ayudar a que los espacios contribuyan al alcance de los fines perseguidos en cada intervención: a veces sugiriendo otros sitios, a veces repitiendo los mismos.

El consultor trabaja en equipo

El consultor trabaja en equipo con sus contrapartes de la empresa cliente, y como resultado de las primeras tareas de esclarecimiento ese grupo se cohesiona, formando un comité que puede pasar a ser responsable de la conducción y supervisión del proceso de cambio. Es consultor del equipo así constituido alguien que agrega aprendizaje de conducción de proyectos de cambio a sus propias tareas específicas. En ese sentido, y durante el período en que se reúne con sus contrapartes, es un integrante más del equipo de gerencia, en un extraño papel que une funciones de tío bohemio y abogado del diablo. (Aunque se sepa que es de afuera, que está de paso, que no come ni bebe donde comen y beben los otros.)

Más tarde se estructuran equipos en función de proyectos, y el consultor opera como recurso externo: es dialogador, metodólogo, facilitador, canalizador de disensos. Es consultor externo de consultores internos.

Cuando el proyecto requiere la formación de un equipo, se incorporan colegas externos adicionales en función de los aportes que se han de realizar, y el peso de la consultoría descansa sobre más hombros: los participantes toman conciencia de la multiplicidad de abordajes y cada uno puede hacer mejor vínculo con uno u otro integrante del equipo consultor.

Cuando el consultor opera con eficacia, sus contrapartes se sienten trabajando "en equipo" y los participantes depositan en esa dimensión lo que parece imposible de instalar a diario. El consultor es eficaz en la medida en que ese clima se instale en forma efectiva y se traslade a lo cotidiano.

El gráfico que sigue marca los distintas conductas posibles en el desarrollo de la tarea, tal como lo proponen Lippit y Lippit (1977):

Roles posibles del consultor

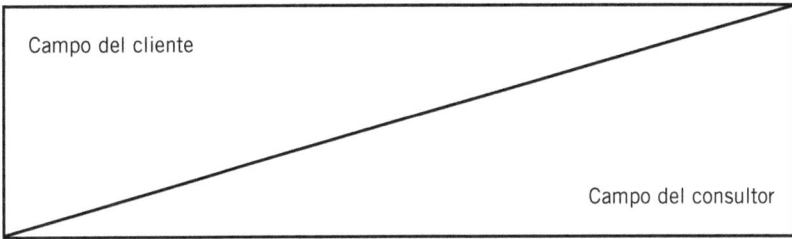

Campo del cliente

Campo del consultor

Creciente nivel de directividad del consultor

Como	Como	Como	Como	Como	Como	Como	Como
Observador reflexiona	Facilitador sugiere	Investigador pregunta	Mediador vincula	Resolvedor indica	Educador forma	Experto informa	Responsable asume
Plantea inquietudes a ser dialogadas	Observa procesos y realimenta	Recoge datos y estimula interpretaciones	Identifica alternativas, riesgos y recaudos y evalúa opciones	Ofrece alternativas y participa en las decisiones	Entrena, capacita y desarrolla	Analiza y ofrece la mejor recomendación operativa	Marca campos de acción y conduce los procesos de decisión

El consultor es un generalista

Quizás haya quienes todavía piensan que un contador sólo hace contabilidad, que un empresario no se ocupa de cuestiones técnicas, que un administrador no sale de su oficina. La realidad es diferente: insertos en una trama organizacional dinámica, cada uno agrega información constantemente, la procesa con agilidad y consulta informalmente cada vez que sea posible, para suplir motivaciones personales y resolver problemas que no podrían ser resueltos con pautas convencionales.

La consultoría –ya lo hemos dicho– requiere la multidisciplina: es imposible hacerla limitándose a la carrera que uno estudió en la facultad. No es sólo que el consultor adquiere modos de aprehender la realidad del ingeniero y del contador, del operario y del sindicalista, del funcionario de gobierno y del proveedor, sino que responde desde una práctica general de las ciencias sociales. Que, por otra parte, la mayoría de los consultores aprendan algo de las prácticas operativas de las organizaciones con las que colaboran no los autoriza a hablar desde el lugar de quienes saben. Más aún, en caso de ceder a la tentación y hacerlo, probablemente dejen de actuar con la neutralidad que exige su rol de externos.

Hay dos niveles de trabajo

El cliente pide y normalmente expresa con bastante claridad su percepción de una necesidad. A menudo agrega su propia sugerencia sobre qué hacer, y mientras explica va sumando datos que muestran un nivel más profundo de análisis (que, a su vez, requerirá una segunda intervención).

Un porcentaje significativo de las empresas competitivas cuentan hoy con profesionales con criterio organizacional, sea por experiencia en consultorías, sea por formación. Esto facilita la inserción del consultor y el inicio del diálogo. Más aún, las organizaciones que mayor número de especialistas externos convocan son aquellas en las cuales existen colegas que realizaron trabajos en función de sus propios ejercicios de análisis.

En cada caso la situación es diferente, pero en todos el pasaje del pedido a la demanda es complejo, porque pasa por la capacidad de dar expresión a la necesidad sentida por el cliente, lo que le permite articular un proyecto más abarcativo que el original. Este proceso se acelera en situaciones de crisis. En esas situaciones, siempre existirán pedidos y la posibilidad de operar parcialmente sobre la demanda profunda. Cuando existen colegas internos idóneos, la creación de una figura interna que puede hacerse cargo de parte del trabajo contribuye simultáneamente a atender el pedido específico y a contemplar la demanda profunda. El papel del consultor, sin embargo, no es enriquecer la solución técnica, sino extender la puesta en crisis de las convicciones de los que operan adentro. Que se amplifique y divulgue el pensamiento crítico.

La consultoría se hace por etapas

Una consultoría es la respuesta al requerimiento de un cliente que necesita a un colega para encarar una situación: es muestra de coraje porque habla quien tiene cosas que perder. Se hace por pasos concretos, cortos y apreciables a simple vista. Cada reunión de trabajo cierra una etapa y resuelve parcialmente. Permite a cada uno tomar distancia de su rol, reverlo y reinsertarse: *salir aprendiendo*. De esta forma se despiertan nuevas expectativas y se crean vínculos.

Ahora bien, una nueva relación obliga a desarrollar una nueva lógica. Esto explica que muchas consultorías se extiendan (más aún, la mayoría se inicia con la expectativa de consolidarla en el tiempo).

El trabajo conjunto es gradual, refleja aproximaciones múltiples y éxitos transparentes a los ojos de terceros. Son muchos los que pueden evaluar lo hecho, y así aumenta la probabilidad de nuevas colaboraciones. En una organización compleja, una de las pruebas de fuego es si la consultoría sigue después del relevo de una figura clave.

La consultoría se hace por etapas, cada una de ellas con su comienzo y su fin, pero incluso así el proceso es claro sólo para los directamente involucrados. Quienes observan de lejos experimentan situaciones de envidia y de admiración que se expresan en cuestionamientos. Por ello, cada tarea incluye el manejo de las relaciones del equipo que consulta con sus contrapartes no directamente involucradas, con comunicación abierta y subproyectos para asegurar la supervivencia de los resultados de la consultoría.

Una consultoría produce crecimiento

En la medida en que la consultoría atiende aspectos estratégicos y relaciona elementos sociales, produce esclarecimiento, consolidación y cambios. Aumenta así la capacidad de respuesta de quienes actúan en ella. Además, en la medida en que participen activamente diversos integrantes de la organización, podrán advertir, con mayor claridad que antes, el nivel de coherencia entre sus proyectos personales y los de la organización.

En la actualidad, las mayores transformaciones que afectan a una organización provienen de modificaciones no deseadas en el mercado, de cambios en la legislación o alteraciones violentas estimuladas por factores ajenos a su control. El hecho es cómo utilizarlos como hitos fundacionales a favor de proyectos que incrementen la eficacia. En ese caso, la crisis es *impulsora*, se enfrenta con factores *inhibidores*.

Una consultoría provoca sus efectos significativos cuando existe una crisis, pero sin olvidar que una de las expectativas de quienes actúan en una organización es anticiparse y provocar transformaciones cuyos costos sean mejor procesados que aquellos que resultan de una respuesta tardía a turbulencias externas.

EL CONSULTOR
Y LAS CRISIS EN EMPRESAS

Por qué no me cantás la justa.
Decime lo que tengo que hacer, la receta.
Lo que tendría que haber aprendido, la moraleja.

RUEGO DE UN GERENTE

La llamada al consultor parte de una necesidad sentida por quienes se consideran responsables. Esa llamada se origina en un sentimiento de incapacidad para resolver una situación concreta de gestión, captada a través de dificultades sociales en la empresa.

El consultor descuenta que, a menos que exista tal percepción de necesidad, el trabajo difícilmente se encamine: toda llamada se produce en función de una crisis. Esta *crisis** describe períodos decisivos y graves que se caracterizan por evidentes desequilibrios entre factores internos que hasta entonces estaban controlados, por fuertes alteraciones en cada uno de ellos por separado, y por el hecho de que tal estado de cosas se advierte como amenaza para la sobrevida de la organización. La conmoción abarca a todos los sectores. No se limita a un ámbito, ni a una coyuntura. Crisis no es mera expresión de alarma sino conciencia de peligro: frente a una situación de bienestar compartido, imprevistamente emerge otra en la que todo

---

* Para Suárez (1998), hay crisis cuando existe percepción de que se está en crisis; falta de percepción de salida, percepción de grave daño con alta probabilidad de que este ocurra, y sobrevida amenazada.

parece ponerse en duda, inclusive la razón de la existencia misma del proyecto. Esto puede evidenciarse por factores provenientes del exterior –competencia global salvaje, fusiones y adquisiciones hostiles, crisis de la productividad, tecnologías en continua renovación, cambio del rol del Estado–, o internos –fracasos extendidos de un sector, alejamiento de personal competente, desnudamiento de ineficiencias, etcétera–. Sean elementos internos o externos, todo se combina para señalar la gravedad del caso.

La nueva circunstancia da por tierra con la totalidad de los sobrentendidos vigentes. La percepción es dramática. Se teme a la muerte, la supervivencia está amenazada. La suma de hechos hace trastabillar la subsistencia de la empresa. Se tiene la intuición de que no hay proyecto posible. Quizás hubo premoniciones y las contradicciones típicas de esa cultura organizacional prefiguran esa evolución. Es común que las personas que las expresaron sufrieran desprestigio: quienes advirtieron el peligro con antelación fueron incriminados. Las características de la empresa creaban condiciones para que no fueran escuchados y se desestimaron señalamientos que, a la luz de los hechos posteriores, son vistos como intuiciones. ¿Será distinto esta vez? Porque abrir un espacio requiere tener expectativas de tiempo. Y el modelo actual alienta al arrojo, al impulso, a la audacia, a la intemperancia, no a la prudencia, no a la continencia, no a la inclusión. ¿Cuáles serán las consecuencias?

La combinación de factores externos e internos conmociona la vida de la organización; esta alteración la torna insostenible. Son calamidades que tienen repercusiones en la mayoría. Van acompañadas por conductas irracionales, errores incomprensibles –una secuencia de infartos, el consumo excesivo de psicofármacos, las rupturas familiares–, datos que a posteriori se comprenden como fusibles del proceso. Por su relevancia y magnitud, por la urgencia que revisten las situaciones y por la sumatoria de conflictos que se suponían superados, la sensación imperante en los directivos es que sólo la adopción de medidas extremas resolverá la crisis. Sin embargo, y por saberse ellos mismos involucrados, quienes están insertos en esa realidad no alcanzan a comprender la naturaleza del problema sobre el que desearían actuar. Las respuestas son adaptativas: superados por la magnitud del caso y la incomprensible variedad de los estímulos agresivos, se repite el error y se reproducen las condiciones que dieron lugar al detonante.

Observemos esta situación reciente. Luego de definir los objetivos de una actividad, la jefatura de una empresa contrata los servicios de un capacitador e invita a los empleados a un curso de actualización en un hotel céntrico. En la fecha convenida, el capacitador concurre al hotel y a la entrada advierte un cartel que indica el salón donde se hará el taller. Prepara allí sus materiales, pero cuando llega la hora de inicio nadie se presenta. Baja entonces a la conserjería y, oh sorpresa, allí encuentra reunidos a todos los asistentes. Nadie había advertido el gran cartel indicador. Están mudos y expectantes, sentados uno junto al otro. El capacitador se presenta y les pregunta si conocían el motivo de la convocatoria. Todos responden que habían recibido por correo electrónico una invitación, pero que en ella no se aclaraba el motivo de la reunión. En suma, nadie de la empresa les había dicho para qué debían concurrir. Tampoco nadie de la empresa había acudido para darles la bienvenida y abrir el programa.

Este caso muestra la crisis y la forma en que no se actúa. Desaparece la idea de tiempo –el dominio del propio tiempo– y se devela lo superficial de la noción de organización. La carga de trabajo es tan grande, y la falta de preparación tan evidente, que la empresa es una ficción: en tanto no existe tarea –todos van como autómatas– se hace difícil proyectarse –no leen el cartel– y se considera inverosímil la noción de autoridad –tampoco nadie los recibe. Quienes, en el ínterin, ocupan puestos de responsabilidad, se cuidarán de no ejercerlos porque descolocarían al que ocupa un lugar de dominación y presumiblemente está a cargo: podrían atraer su ira.

La conversación emerge con naturalidad: ¿qué es lo que está pasando?, pero no se canaliza como para dar lugar a un cambio. ¿Todos conversan pero hay barreras que evitan pasar a la acción? ¿Qué ocurre, entonces, cuando no se puede pensar, cuando no se otorga pertenencia y direccionalidad?

En estos casos se han quebrado muchos sobrentendidos centrales. En las organizaciones se descuenta que el adulto se desenvuelve solo, sin ayuda, en el marco de ciertas instituciones que dan sentido a su accionar. En las empresas sobrevuela cierta pretendida ecuación de productividad que supone que un individuo debe estar, en todo momento, en condiciones de utilizar su juicio crítico y de actuar en consecuencia (tiene que preguntarse qué está ocurriendo y qué le corrresponde hacer). Debe asumir responsabilidad y resolver una situación, desarrollar su inventiva ante restricciones –para que éstas no terminen dominándolo–, fijar las coordenadas, delimitar sus metas, elegir los recursos, sugerir cómo hacer, en qué momento y con quiénes y, sobre todo, qué dejar de hacer. Es decir, debe usar la inteligencia para imponerse a las condiciones en las que se encuentra. Se produce aquí un cambio de circunstancia que necesita ser aclarado. El cliente se ve desbordado, la norma grupal ciega al individuo, lo despersonaliza, lo aliena, y el consultor ve la agudización de un proceso. La respuesta es de temor. En *Songs from the capeman*, Paul Simon dice "You either belong, or you get hurt" ("Pertenecés, o te lastiman"). Pertenecer ignorando que lo que ocurre por cierto está ocurriendo.

¿Cómo crear condiciones de pensamiento desde la horizontalidad? Para ello es vital actuar cuando la crisis estalla. En el momento justo y en las circunstancias precisas. Más allá de factores históricos que la sustentan, la resolución de la situación exige el análisis del hecho en el contexto y momento específicos. Para ello, habrá que darse tiempo, hacer las cosas de a una por vez. Y recordar que la acción es individual, que cada uno hace su propio proceso.

La actividad indagadora corre el riesgo de ser envuelta en la crisis que acompaña. La situación engloba a los responsables, que presentan exigencias desmedidas de resolución inmediata. La crisis los deja inermes: acostumbrados a resolver problemas por separado y en cierto orden, se encuentran desbordados. Se va gente, se pierde dinero, hay corridas sin resolver nada, sigue una huelga, las discusiones se empantanan. Los involucrados se arrastran mutuamente a la confusión. Cuanta menos objetividad asuman, más probable es que se establezcan alianzas en las que unos y otros exacerban sus falencias.

En estas circunstancias, el consultor acompaña a quienes enfrentan las crisis, coopera analizando por qué surgen y pone en marcha el diseño de una respuesta. La llamada en una situación extrema busca un oído atento antes que la posibilidad de diálogo. En cada caso, los responsables tendrán motivaciones diferentes, pero en todos ellos habrá una necesidad de ser atendidos. La consultoría parte de esa premisa de pedido de escucha. A partir de ello se podrá separar lo real de lo ficticio, pero el interlocutor pide a alguien que preste atención. ¿Cómo trabajar? Si sobrentienden que para mejorar sus competencias están habilitados para incluir la capacitación, y si ese sobrentendido es clarificado, entonces habrá que acompañarlos hasta que vean las inconsistencias.

En otro caso paradigmático, fuimos convocados por especialistas internos, plenamente conscientes de la seriedad de la situación que vivía cierta empresa joven, con personal altamente calificado. En esa empresa el nivel de violencia se exhibía en la forma de una rivalidad desembozada entre los directivos de las firmas socias, se traducía en enfrentamientos y desautorizaciones en el nivel gerencial, y en errores groseros en la presupuestación que, a su vez, derivaban en la incapacidad de cumplir el sinnúmero de proyectos encarados. En un diálogo abierto con los involucrados se señalaron las incoherencias y se trabajó en varias entrevistas con los responsables. Aun así, fue imposible reservar tiempo de reflexión para desarrollar un programa de acción que permitiese alterar ese estado ya consensuado de cosas. Más todavía, aunque unas semanas después, ante los repetidos fracasos en nuevas instancias del proyecto se había acordado un programa para limitar los costes de la forma de trabajo actual, jamás se pudo reunir a las personas para operar a partir de los documentos que sintetizaban la composición de lugar consensuada.

La primera tarea del consultor es servir de testigo: "eso que pasa es lo que está pasando". El consultor colabora en la medida en que discrimina y registra el límite de su participación. Pone distancia para observar con detenimiento y objetividad, para plantearse interrogantes con candor. No conoce los antecedentes y se esfuerza por encontrar explicaciones desde la lógica intrínseca de ese grupo que habla. Cuando en el curso del trabajo toma un dato, lo refiere a la urdimbre de pautas propias de la cultura de la organización, lo que le permite restringir el número de alternativas y encaminar su intervención. Tiene que re-presentarse aquello que sus interlocutores le presentan. Tiene que desovillar fantasías, datos ciertos o incompletos, mentiras llanas, temores, errores, intereses. Para entender, deja hablar y hacer: sabe que en la crisis esos hombres se muestran alterados.

La combinación de estas condiciones encamina la relación. Sin embargo, quien lo convocó queda con la certeza de que el consultor supo interpretarlo, actuó lúcidamente y parece interesado en resolver la situación, mientras simultáneamente sentirá que, al entender sus sentimientos, esa lucidez le molesta y ese interés lo inquieta. La relación es tan previsible como la relación amor-odio, o aprecio-rechazo. La tranquilidad del consultor le recordará al cliente su propia desazón; le molesta saber que lo comprenden, porque se da cuenta de que el consultor conoce las exigencias que él mismo no supo imponerse. El cliente queda tendido entre la conciencia de saber más que antes –en temas que conocía– y la dificultad de hacer algo distinto –en un ámbito que involucra a terceros, algunos dependientes de él, otros que, siendo pares, tienen metas encontradas y se le opondrán–. La labor del consultor le ayuda a comprender su problema y su conducta, pero él sabe que al pasar a la acción estará nuevamente solo.

La relación se hace difícil y se complica porque es sencillo diagnosticar en crisis: en esas circunstancias el consultor comprende la singularidad del cliente. El de afuera parece brillante cuando lo único que hace es recoger información y presentarla en forma ordenada. También existirán, por supuesto, factores técnicos, y no sólo puntos ciegos en el nivel individual o grupal. A pesar de ello, y más allá de cuestiones financieras, legales y técnicas atendidas por otros especialistas, son sobrentendidos los que hacen que no se pueda, o no se quiera, salir de la crisis. La tensión crece porque entender lo técnico es sólo el principio. Separar la hojarasca del grano exige no sólo tomar medidas de tipo estratégico o administrativo, sino cuestionar pautas internas implícitamente aceptadas. La crisis pone en peligro la urdimbre de acuerdos preexistentes.

* * * * *

No preocupan las crisis en sí: la mayoría de quienes actúan en empresas saben que éstas se presentan con regularidad.

Sin embargo, cuando cierto tipo de conflicto se hace repetitivo o toma dimensiones inesperadas, remite a aspectos propios de la cultura. Factores externos potencian situaciones latentes. En algún caso será porque durante años se actuó sin asumir riesgos: la crisis que aparece no es entonces meramente comercial –campo en el que surge– sino organizacional. Fallan los criterios institucionales y el equilibrio entre los propósitos de la organización, los recursos puestos a su servicio y los elementos humanos involucrados (equilibrio que quizás haya sobrevivido sin cuestionarse).

Por todos estos motivos, el consultor no se detiene en datos aislados. Necesita vincular información, relacionar prácticas organizativas con preferencias individuales, escudriñar cómo los hábitos jerarquizan cierto ordenamiento por encima de otro, o bien cómo ciertos sectores adquieren un nivel de importancia que no se corresponde con los objetivos establecidos. La práctica recomienda esta integración. Por el contrario, cuando se sigue una cadena de datos específicos se corre el riesgo de cometer errores conceptuales. Conviene acompañar el razonamiento de los involucrados para conocer la trama que los sostiene. La elección de un dato o de un problema, para llegar rápidamente a abordar una situación, se corresponde más con la impaciencia del consultor que con necesidades del cliente; es más cómoda y menos eficaz. Lograr una síntesis y definir un horizonte de referencia desde el cual colaborar vale más que profundizar en el análisis de una situación puntual.

La crisis se produce cuando una serie de factores quiebra un estado de equilibrio estabilizado. Cada organización responde de manera diferente. Roto el equilibrio, el consultor observa cómo esas personas enfrentan esa crisis, porque la modalidad que adopten sugiere tanto los senderos posibles como los callejones sin salida. Lo más probable es que ya existan en la organización proyectos clandestinos, alternativos, encaminados, que prefiguran el nuevo rumbo.

El consultor, que está de paso, es temporario, y hace posible la instalación de otros proyectos y de otros ordenamientos. Conoce los dilemas en las organizaciones. En su rol cumple una tarea catalizadora en la cual él mismo no sabe qué es lo que suelta. Sabe que está en tierra de infieles.* Sus interlocutores se sienten desposeídos, *despaisados*, extrañados, y si acaso es útil su tarea no será para mostrarles qué está pasando sino cuáles son los elementos múltiples que surgen en ese proceso de entendimiento. En la vorágine, ellos no alcanzan a ver más allá de la altura de las olas, y su labor es mostrar puntos de contacto y puertos posibles. Construir *sentido* (dirección) *común*.

---

* *In partibus infidelis*. Según el diccionario de la Real Academia, en la Edad Media se otorgaba un título a los obispos que se desempeñarían en tierras de infieles, lo que significaba que la persona llevaba el título pero no estaría autorizada a usarlo, ya que actuaría en un ámbito en el cual nadie se lo reconocería.

EL LUGAR
DE LOS QUE NO ESTÁN DE PASO

La Investigación Acción otorga un papel privilegiado a los miembros de la organización en el desarrollo del proyecto. Además de encarar los conflictos que concita el pedido, esta modalidad de consultoría pretende ayudar a los participantes a aprender sobre lo propiamente organizacional, para habilitarlos a instaurar mecanismos preventivos y correctivos una vez terminada la intervención.

La participación de los expertos internos

La Investigación Acción estimula la participación: sugiere que es siempre recomendable incluir a quienes pueden contribuir al análisis y el encarrilamiento del caso. En función de la naturaleza del proyecto, esta decisión se toma en cada situación con quienes invitan al consultor.

En un ejemplo característico se produce la fusión de dos empresas y es previsible el conflicto entre sus integrantes: hay que encarar y resolver la ocupación de cargos, la explicitación de niveles de autoridad y de responsabilidad, el cuestionamiento de fueros adquiridos. El gerente general advierte la necesidad de instaurar dos etapas de trabajo: en la primera se definirán aspectos estratégicos y políticos de la naturaleza del proyecto, en la segunda se incluirá más participación, operando con corresponsables en tareas de procedimiento.

Durante el curso de la primera etapa, los consultores trabajamos con un equipo pequeño de especialistas internos, explicitando los alcances del proyecto, evaluando alternativas para el mediano plazo y cubriendo aspectos como el organigrama de la empresa, los requerimientos de comunicaciones, los listados de tareas que habrá que contemplar y las discusiones sobre políticas que se quiera convalidar. Establecidas estas ideas fuerza en el nivel de Dirección, convocamos a diversos responsables de sectores para elaborar esquemas técnicos de apoyo, con participación en decisiones que los afectarán, en el análisis de crisis previsibles y en la identificación de fortalezas y debilidades que puedan acercar al proyecto. Por último, convocamos a representantes de los tres niveles superiores de conducción, para que participen en una actividad que marque un hito fundacional.

Muchas tareas de diseño se resolverán en función de entrevistas o de relevamientos individuales. En el desarrollo de aspectos técnicos, propios de cada cuadrante, se operará con un equipo limitado de colaboradores, pero cuando el esclarecimiento, la consolidación y los cambios involucren situaciones de conflicto, se requerirán metodologías más amplias de involucración de quienes pueden hacer aportes importantes en relevamiento, diseño, puesta en marcha y supervisión de procesos internos.

Integración de aspectos estructurales y sociales

En todo proyecto hay etapas claves del proceso que requieren atender necesidades puntuales tales como diseñar actividades de Pensamiento Estratégico, colaborar en la elaboración de Programas de Desarrollo Gerencial, evaluar procedimientos administrativos o poner en marcha sistemas de Control de Gestión.

En otras modalidades, los consultores brindan recursos operativos especializados que se dirigen a la solución del problema, utilizando métodos de probada eficacia y razonable universalidad. Se basan en un abordaje experimental y prescriptivo que descansa en la tecnología como punto de articulación para el cambio organizacional.

En Investigación Acción, los aportes técnicos parten de las características sociales de la organización: el aporte del consultor se adapta a lo que tolere en esa circunstancia el equilibrio entre subculturas existentes. En un ejemplo, la dirección de una fábrica programa la capacitación del primer nivel de supervisión: en ocasiones anteriores se ha defraudado al personal por exponerlo a conocimientos técnicos y gerenciales que comprendieron y aplicaron con pericia en el curso, pero no pudieron utilizar por no haberse legitimado su uso.

¿Cómo desarrollar credibilidad para atacar los bolsillos de realismo y frustración creados por el engaño anterior? Sólo se logra cuando se desea fortalecer el papel del supervisor. De ahí la inclusión del relevamiento de necesidades y los diseños curriculares. La formación tiene en cuenta la autoridad que ejerce quien ocupa ese nivel de cargos, el grado de autonomía con que puede actuar, la forma en que se vincula con colegas de otros sectores de su mismo nivel de autoridad, las prácticas de toma de decisión que lo involucran para darle los elementos formativos y de soporte administrativo.

Del mismo modo, cuando se introduce la noción de Control Estadístico de Procesos el instrumento técnico va acompañado de un proceso de esclarecimiento de necesidades y de dificultades que deberán superarse, de consolidación de prácticas reconocidas por los usuarios y de modificación de prácticas inoperantes: la elección de la persona más capacitada para llevar adelante el proyecto en función de sus dotes técnicas y docentes; el momento de la introducción de la novedad; la selección de sectores en los que se harán pruebas piloto; la modalidad con la que se supone se extenderá el uso a partir de éxitos alcanzados y de evaluaciones con usuarios capacitados. Estos elementos equilibran aspectos técnicos y sociales, e intentan arraigar una innovación técnica, tanto en la tradición instrumental como en los sobrentendidos culturales de la organización.

Creación del comité del proyecto

El consultor opera contratado por quien ocupa un cargo jerárquico, o por el responsable del proyecto. En Investigación Acción se descuenta que esto es necesario, pero no suficiente. Expliquemos. Seguramente es contratado en una empresa por un funcionario con cargo gerencial. Sin embargo, la naturaleza del proceso implícito en tareas de esclarecimiento, consolidación y cambio supera lo que tradicionalmente se espera de un gerente: las vicisitudes del proyecto requieren una visión pluridisciplinaria que se compadece mejor con el trabajo en equipo. De hecho, esta circunstancia es conocida en las organizaciones complejas, que para tales casos instituyen mecanismos colaterales: task forces, comités de proyectos. Se habla de equipos de corresponsables, de equipos institucionales, grupos de gestión organizacional. Se crean esos dispositivos para atender la conducción del proyecto y, una vez finalizado, el cuerpo creado puede extender sus funciones como equipo interno de consulta.

Un caso ilustra esta problemática. En una organización de servicios, el proyecto se inicia como tarea de la División de Recursos Humanos. El gerente cuenta con presupuesto para contratar los servicios de asesoramiento y establece las primeras relaciones con el consultor. Sin embargo, a medida que el proyecto adquiere relevancia y gana prestigio, otros gerentes se incluyen espontáneamente en tareas con el consultor y se crea una Reunión Mensual de Planeamiento y Evaluación. Terminada la tercera reunión, esta instancia asume corresponsabilidad por la contratación. Como cuerpo, sólo tiene atribuciones con referencia al proyecto, mientras que el Gerente de Recursos Humanos entiende que el aval de su grupo de colegas es la garantía para la continuidad del proyecto, en una instancia que no tiene antecedentes. La situación legitima la existencia del cuerpo como instancia de conducción del proyecto, aun cuando presupuestariamente la responsabilidad formal cae en una división. Como consecuencia, durante los dos años que se extiende la consultoría el equipo de gerentes utiliza esta instancia para ensayar modalidades de conducción innovadoras que instauran nuevas formas de relación para las tareas cotidianas.

Los de adentro

> Ventura te dé Dios, hijo,
> que el saber poco te basta.
>
> REFRÁN ESPAÑOL

Dígaselo o no, una empresa se crea para someter un territorio, antes que para salir a correr mundo. En ella se instalan condiciones que implican el aprovechamiento de oportunidades y la creación de barreras al ingreso de todo lo que lo impida. De ahí la preocupación por la productividad, la competitividad, el uso de metáforas militares –estrategia, táctica, logística– que hacen hincapié en la conquista de un espacio exterior, y la resistencia a intentar opciones como las de cuestionar, colaborar, asociarse, que requieren dedicar atención al espacio interior.

Ocupamos este lugar porque ya corrimos mundo. Esta frase le será recordada al que está de paso. En cada cultura ese mensaje estará investido de contenidos más o menos terminantes: *lo ocupó tal persona,* o bien *es ocupado en virtud de tales normas,* o también *puede ocuparse en la medida en que brindemos servicios.* Pero sólo se trata de un espacio limitado, en el que todos saben cómo actuar.

¿Qué saben, además, los que no están de paso? Del mismo modo que el consultor, descuentan que dominan una parte limitada del entorno, y que los fenómenos que se encontrarían fuera de su territorio son distintos: extraños, nuevos, inabordables. Por definición, difícilmente admitan un tipo de inspección que podríamos llamar *física:* no se podrán medir con sus instrumentos acostumbrados –la reacción espontánea es referirse a lo desconocido como etéreo, intangible, y más aún se lo descalifica sublimándolo: es *maravilloso*–. Sienten que lo que eventualmente se pueda decir sobre los fenómenos que no dominan estará basado en una interpretación arbitraria –como quien descubre por primera vez que un proceso puede graficarse con dos ejes de coordenadas y se resiste a reconocer el aporte porque alude a un saber al que sería difícil acceder–. Temen que, al expresar curiosidad, se les pedirá un modelo para predecir qué podría ocurrir y entonces, por saberse exigidos en aquello que aprendieron con esfuerzo, conjeturan que para cumplir con su función de informantes carecen todavía de información calificada –como la que se exige en los procesos que manejan cotidianamente. Presienten que cualquier cosa que intenten será probablemente costosa –o que, por implicar otra manera de hacer, exigirá esfuerzos desmesurados–. Y, sin embargo, entienden que aquello que están viviendo y los coloca frente a lo desconocido puede tener consecuencias mayores. Pero no saben con certeza si acaso eso que apenas, todavía entre brumas, empiezan a comprender puede ser juzgado con los instrumentos con que ellos comienzan a abordarlo y, por ser de adentro, temen pensar y actuar de manera diferente. Son expertos en detectar la trascendencia de su transgresión. En primer lugar surgirán las derivaciones, los alcances, las ramificaciones, las secuelas negativas de su acción. Imaginarán las reacciones desmedidas antes que las celebraciones, el resentimiento más que la resignificación. En la mayoría, hasta que pueda acordarse que se trata de un caso de *fuerza mayor* que obligue ineludiblemente a hacer lo que la costumbre condena, lo que el hábito posterga.

Ahora bien, si participa alguien de afuera es porque hubo una convocatoria. La hacen quienes no están de paso y sin embargo imaginan un espacio diferente. No es inusual que quienes convocan sean los que tuvieron aventuras, los que gustan recorrer mundo en busca de situaciones de resultado incierto y arriesgado. Los que aspiran a la ventura, a cosas distintas, a hechos desusados del porvenir que, sin embargo, aportarán felicidad, satisfacción, suerte. Son los que abren las puertas para ir a jugar.

Invitan quienes sienten esa necesidad de abrir el campo. Sin ser aventureros, sin ser aventurados –su desarrollo se hizo en lugares seguros–. Se animan a incluir la ventura, a dejarse atravesar por la aventura. Saben que necesitan hacerse preguntas, escucharse, incorporar otra mirada, aprender otro idioma, salir de donde están, ir a los márgenes. Y para eso deben modificar algo. En algunas culturas son los primeros que reconocen que lo que saben no alcanza y entonces llaman a otro.

Es doble la tarea de quienes advierten la necesidad de incluir otro tipo de información, otras maneras de procesarla y de hacerla circular. Deben encontrar, por una parte, el modo de ayudar a que cada uno sea capaz de controlarse a sí mismo y, en segundo término, de encarar una acción concertada con quienes tienen intereses encontrados y piensan distinto.

Se transforman en agentes de un cambio que encamina la participación de los otros. Aceleran el proceso cuando lo hacen sin protagonismos.

Quienes propician el desarrollo de un proyecto de consultoría deben crear los antecedentes para una acción concertada. Para ello, en su propia tarea y para su propio beneficio incorporan con naturalidad tecnologías de avanzada. Muestran el dominio personal de elementos con alto poder simbólico –hasta ese momento extraños– y provocan emulación debido a los resultados que alcanzan. Además, buscan precursores, aportan indicios, llevan experiencias propias, acercan datos sin procesar, datos que serán trabajados en el lugar de aplicación por quienes elegirán usarlos o no, informan acerca de lo que se hizo, se hace, se está por hacer en lugares similares y distintos, con la intención de provocar el análisis de la metáfora –no del hecho–, exponen/adaptan/insisten, desarrollando de esta manera el control individual del entorno. Apelan al adulto mostrando cómo se hace y creando las condiciones para que el otro se sienta impelido a aprender.

El que no está de paso y actúa como agente de cambio relaciona lo anterior con lo que ocurre en su realidad inmediata. Entiende que de esta manera los otros podrán desarrollar la capacidad de responder a datos de la realidad que antes aún permanecían encubiertos. Aunque siempre habrá limitaciones. Citaré aquí el caso de dos empresas que quedaron a cargo de la explotación de un negocio luego de una privatización. Durante cierto tiempo cada una de las beneficiarias hizo usufructo de las circunstancias, a menudo en perjuicio de las otras socias, cuyos ojos avizores y conductas especulares parecían dar por sentadas tales acciones y sus correspondientes represalias. Se postergaba así el desarrollo independiente de la nueva empresa. Todo esfuerzo gerencial dirigido a consolidar el nuevo emprendimiento estaba condenado. En el primer ejercicio de planeamiento estratégico, con la presencia de los directivos profesionales de las empresas de origen y otros recién contratados, el director de Finanzas argumentó sobre la conveniencia o no de dedicar tiempo a esos propósitos cuando las decisiones a las que se arribase serían revocadas por alguno de los comités de Dirección respectivos. Indicó que pensaba que sería improcedente dedicar tiempo a un proyecto integrado, cuando cada asociada tenía más objetivos singulares que compartidos en la nueva empresa. El ejercicio se desarrolló con argumentaciones que mostraban la dificultad de operar pensando en la nueva empresa como si fuera autónoma, cuando los comités de los mandantes la pensaban como subsidiaria de los intereses centrales de sus empresas de origen. De esa manera, cada vez que se realizaba un proyecto conjunto se trabajaba a sabiendas de que la operación incluía simultáneamente un ejercicio de aplicación real (en tanto los gerentes debían continuar operando en función de la existencia independiente de la empresa), y otra simulada, en la que todo lo que se decía sería pasible de ser desechado en los Comités de Dirección de las empresas de origen. Este juego lo hacían todos en forma desembozada y culposa, porque entendían que ésas eran las reglas de juego creadas por los accionistas. La situación les exigía tiempos excesivos que redundaban en contra de la operación y la rentabilidad, y para colmo ellos desconocían cuáles decisiones serían aceptables o revocables en la instancia superior. Por más que no faltaron quienes señalaban la inoperancia del modelo –abiertamente al comienzo; más tarde, cansados, en los corrillos–, se trabajó así, mostrando de manera insólita, cómo los directivos avalaban el doble mensaje con la consecuente ineficacia y el desatino resultantes.

Así entonces, sobre la base de los análisis informales de cada situación, los de adentro operaban con sus correspondientes niveles de profesionalismo a despecho del modelo imperante, mostrando el fenómeno de la conducción negativa: la cohesión se producía resistiéndose a quienes dirigían. Algunos dejaron la empresa, otros se desempeñaron en el marco de las limitaciones hasta que la sumatoria de costes escondidos y hechos inocultables a la opinión pública hicieron necesario cambiar en parte la costumbre. Cuando se modificó la situación externa y se crearon las condiciones para articular la conducción con el resto de la organización, surgió de inmediato el salto cuantitativo en productividad.

En organizaciones tradicionales este fenómeno no es inusual: un porcentaje significativo del personal conoce mejores formas de operar que las que parecen tolerar los integrantes de la conducción. Para avanzar en el desarrollo de cada proyecto, sin embargo, la inclusión del autocontrol por parte de cada uno y de la gestión concertada, requiere un manejo cuidadoso. En ese proceso es crítico el aporte lúcido de los que *no* están de paso. Haciendo cultura.

ROLES DEL CONSULTOR

Cuando el otro te invita vos le preguntás, y en general te cuenta.
Al escuchar ya se aclara. Vos sos un testigo que,
a veces, hace de la información conocimiento, a veces sabiduría.
Si lo hacés bien te invitan a la próxima.
Acordate de que cuando estás en tu lugar el otro te busca.
Por eso hay que ocupar un lugar en donde te puedan encontrar.
Que es marginal en esa cultura y marginal en la tuya.
Creás ese lugar mirando a otros. Dejando que te lo den.
El lugar que vas a ocupar para el otro ya está en su cabeza.
Si te acercás bien el otro te deja estar en el lugar
de su cabeza. El otro debe saber siempre
que te estás por ir y que él se puede retirar cuando quiera.
Que el que está sentado sos vos y
el que está parado es él. O que se puede parar.
Tu poder está en darle ese lugar. Y tu formación
debe ser olvidada.

Uno es invitado a intervenir, a participar con corresponsables en un proyecto de esclarecimiento, consolidación y cambio potenciales, y surgen reacciones encontradas. De la satisfacción por trabajar participativamente en un ámbito nuevo y por experimentar la clandestinidad creativa se pasa a la aprensión y la incomodidad, por no contar con un marco teórico de referencia específico. La posibilidad de abordar el mismo proyecto de maneras distintas y quizás igualmente eficaces generará debates arduos en el equipo mientras se elabora un encuadre a medida que se avanza. Como el diagnóstico es empírico –es una abstracción basada en nuestros juicios–, los otros –los de adentro, los de afuera– tienen la oportunidad de ver con sus propios ojos lo que ocurre, y esto reduce la discusión gremial.

Estimula avanzar con una herramienta nueva y se añora la autoridad endeble de un corpus académico. Nos preguntamos en qué medida respondemos a las demandas, de qué manera sabremos si decodificamos adecuadamente el pedido, si podremos operar sobre los elementos centrales del proyecto, si los que nos contratan nos atribuyen más pericia de la necesaria para hablar mientras se piensa.

Tranquiliza saber que no necesitaremos un plan prefijado, y que se fortalecerá la relación con quienes trabajemos. Nos preguntamos si no será más tranquilizador para todos incluir algún dispositivo estructurado, menos participativo, menos sutil, menos ambicioso, pero más efectivo a la hora de calmar ansiedades. Cuando nos damos cuenta lo hacemos.

¿Cómo responder a la confianza depositada? ¿Cómo mantenerse calmo cuando los enfrentamientos serán la constante, las desavenencias una característica, natural la impredictibilidad? ¿Cuándo nuestras contrapartes, aun avanzando en el proyecto, nos recordarán la pendularidad de la vida institucional argentina y la vanidad de los esfuerzos que se apoyan en lo solidario? En una época de cambio civilizatorio, ¿cómo compatibilizar las estrategias emergentes de la reflexión con las prescriptivas intemperantes que responden a sus urgencias?

El lugar clásico del consultor

Lo anterior son datos del problema. En el marco de la Investigación Acción, Lewin* sugiere que es función del operador

---

* Los trabajos de Lewin abren el campo de la psicología social contemporánea, en la cual se complementan la intención de operar en el campo, de conceptualizar desde la práctica y de formular prescripciones para desarrollar proyectos en el cambio social. Para analizar cómo la Investigación Acción define su manera de trabajar en, con, para proyectos institucionales pueden verse los escritos de Campbell (1974), Schein y Bennis (1979); Argyris (1971); Jacques (1948); Schein (1985).

contribuir a la generación de conceptos científicos y, al mismo tiempo, a la resolución de instancias problemáticas que aquejan a las personas, a los grupos y/o a las organizaciones.

Argyris recuerda que el operador no elige entre los roles de investigador y de consultor: debe aprender a ser ambos. Su campo de elección requiere que defina, sin embargo, cuál será el equilibrio que deberá tratar de mantener en cada instancia del proyecto entre estos componentes de su función como profesional. Entre nosotros, Bleger habla de la necesaria complementariedad entre los métodos clínico y experimental. Define el método clínico como aquel en el que las diversas expresiones del objeto en estudio se integran en un todo, sin el cual cada una de las partes de esas expresiones dejaría de tener sentido estricto, y método experimental a aquel en el cual el objeto se desintegra en sus diversas expresiones para recomponerlo a partir de aquellas variables que mayor significado tengan. Porque, como agrega Pettigrew, la investigación aplicada no es meramente una actividad racional sino un proceso social. Y sostiene Campbell que con el proceso cualitativo, de trabajo de campo, de estudio de casos, clínico, de observador participante, de sentido común, contexto-dependiente, el operador desarrolla los mecanismos a través de los cuales accede a supervisar su progreso.

Extendiendo la conceptualización de Lewin, el rol del operador puede entenderse como inserto en un campo de tensiones entre las tres responsabilidades de las ciencias sociales: enseñar, resolver e investigar. Afuera del triángulo están las aparentes seguridades. El gráfico esboza esta dilemática:

En esta representación se advierte la dinámica de la Investigación Acción desde la perspectiva del consultor. En ella los polos marcan lugares posibles, señalan posiciones que puede asumir quien trabaja con los que están en un proyecto y requieren su colaboración. Es evidente que, tensionado entre los tres vértices naturales de su tarea, el consultor podrá ocupar alternativamente cada una de estas posiciones en diversos momentos de su trabajo, mientras recorre libremente el espacio del triángulo. Por ejemplo, en las posiciones extremas actuará como *el que enseña*, cuando en más de una ocasión sugiera un método para abarcar un problema y prescriba un camino que surge de la doctrina, vale decir, de la experiencia y de tecnologías acumuladas, como lo hacen los profesionales que conocen un tema y saben encauzarlo. Se acercará a la posición extrema *del que investiga* cuando, en otros momentos, ayude a pensar sobre los temas acuciantes desde un marco más amplio: reflexionará solidariamente, legitimando la libertad que tienen los involucrados para abrirse a perspectivas desconocidas. Por último, actuará como *el que resuelve* cuando, en la medida en que fue invitado a participar en situaciones que requieren acción, asuma el papel del que busca soluciones eficaces siguiendo de cerca el detalle preciso y simple del caso para contribuir a dejar de lado una inquietud y abrir un sendero. Dentro del triángulo, lugar de máxima solidaridad, mínima pertenencia, sin asumir un rol institucional.

El consultor combina estas tres facetas del rol. Cuando opera eficazmente se brinda de forma tal que diversos integrantes del equipo cliente advierten, en su colaboración, aspectos de cada una de estas tres facetas. La comunidad académica le pide poner a prueba hipótesis, en un diálogo imaginario con maestros; la empresa cliente le exige tener éxito y extender su colaboración para beneficio de quienes lo invitan; sus colegas le solicitan que refuerce cuestiones gremiales, ocupando nuevos campos de pericia.

Como si al salirse del triángulo encontrase espacios de seguridad, refrendados por aquellos; sabiendo que si lo hiciera pasaría a ocupar lugares ya existentes, roles represores en el imaginario de quienes lo consultan.

Es previsible, sin embargo, que en función de sus intereses personales y de los sobrentendidos vigentes, los integrantes del equipo cliente tiendan a ubicar al consultor primordialmente en una de esas facetas del rol. Tal vez quien lo contrata prefiera verlo en un rol ejecutivo, como si ocupase un espacio en la estructura de poder de la organización. Si el consultor accede a este deseo y asume desmedidamente tal posición –colocándose en el vértice del "resolver"–, como reacción quizás el mismo cliente responderá prefiriendo verlo tomar un papel más distante, en la posición de quien investiga, sin comprometerse tanto. O lo colocará en una posición más docente, de interés, sin duda, pero automáticamente desautorizado para actuar en la dinámica emergente del proyecto.

Por complementariedad con su propia ocupación del rol, probablemente el cliente tienda a ubicar al consultor en cierto vértice del esquema graficado. En esos casos, el consultor entiende esta presión como dificultad y la utiliza para recordar su necesidad de posicionarse equilibrando su ejercicio del rol.

Por otra parte el consultor sabe que prefiere la cercanía de uno de los vértices, o de un eje –su experiencia de errores así lo testifica–. Privilegia uno de los polos en detrimento del equilibrio por comodidad personal, por conveniencia económica, por puntos ciegos profesionales, por dificultades emotivas del momento, etcétera. En muchos casos, advierte que se ha mantenido más cerca de uno de los vértices por preocupaciones propias en cierto momento de su desarrollo. Para operar aprende a soltarse, de modo de encontrar el espacio razonablemente equidistante de los tres vértices.

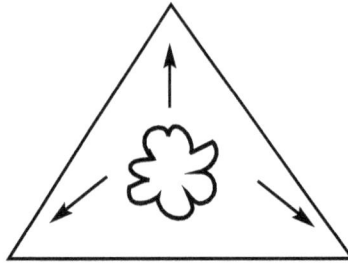

Por cierto, este posicionamiento oscila en el curso de un proyecto, porque en ciertos casos valorará como eficaz asumir la tarea de *resolver*, acortando el camino de quienes tienen dificultad para elegir un método. Habrá momentos en los que hará un aporte de su profesión y *enseñará*, dirá lo que la doctrina sugiere. En el momento de *investigar* indicará cómo se pueden extender los límites de la actividad, valorizando el pensamiento y repensando lo existente.*

Gráficamente podríamos decir que cada uno de los tres polos marca lugares ocupados por referentes distintos, y que mantener el equilibrio responde a una idealización del rol difícil de cubrir en la práctica, en tanto significa un manejo de tensiones que conscientemente parece imposible de llevar a cabo. Refiriéndose a una dilemática similar, Ulloa dice que "no se puede ser psicoanalista, se puede estar psicoanalista". La tarea implica:

---

* Para describir, tal como es, la práctica de resolución de problemas y toma de decisiones en organizaciones, Pettigrew (1983) elige la denominación de investigación contextualizada, y sostiene que debe entenderse como un *muddling through* –arreglárselas– que alude a una búsqueda a tientas con elementos de proceso político (Pettigrew, 1973), incrementalismo (Quinn, 1980), y *garbage can theory*, teoría sustentada en desechos (March y Olsen, 1976), por oposición a la noción de investigación racional, previsora, dirigida a metas concretas, propia de la terminología académica más ortodoxa, y proveniente del positivismo.

MAESTROS

INVESTIGAR
mostrando cómo extender
los límites de la actividad

tensiones
desatendiendo
al cliente

tensiones
aislándose
de los pares

ENSEÑAR
mostrando por qué
aquí es útil el método
de nuestra profesión

RESOLVER
mostrando con qué
procesos y productos
funciona mejor

tensiones olvidando
la reflexión

COLEGAS

CLIENTES

De esta forma, el desarrollo de las distintas facetas del rol está condicionado por presencias, más o menos explícitas, de referentes que instauran tensión en el trabajo del consultor. Diríamos que éste actúa presionado internamente por exigencias provenientes de cada uno de estos referentes –clientes, maestros, colegas–, evocaciones que mantendrá en equilibrio en función de su particular estilo, de su experiencia y de los diversos recaudos que instaure.

Son tensiones que *desde el cliente* le requieren tranquilidad para encarrilar de manera certera e inmediata los problemas y conflictos, y que, en caso de cumplirse con éxito, se traducirán en prestigio para la estructura de poder de esa organización, en la medida en que permiten cerrar el proyecto sin depender de otras circunstancias. Por eso el consultor oscila tratando de equilibrar su respuesta al pedido inicial y el cierre por partes, o bien trabaja sobre una demanda incierta y abarca otros aspectos vinculados con ella.

Son, también, tensiones que *desde la comunidad académica* le exigirán poner a prueba hipótesis, en un imaginario diálogo con maestros y antecesores que elaboraron doctrinas. Lo hará, por supuesto, sólo con la intención de abrir el caso, porque se sabe que ninguna respuesta previa vale como las preguntas que el proyecto inaugura. En este caso, como en el anterior, oscila entre la aplicación de una ortodoxia y la invención de situaciones en función del nuevo proyecto.

Y son tensiones, por último, que *desde sus colegas* lo mueven a fortalecer cuestiones corporativas, le reclaman la ocupación de un espacio en el concierto político de las profesiones. También aquí oscila: defiende lo tradicional de su grupo de pertenencia mientras presenta sus servicios con inteligente desaprensión, dadas las necesidades de cada caso singular y los inesperados caminos que abre el análisis. Es decir que se debate entre la posibilidad de expresarse con los rudimentos de su jerga profesional y la oportunidad de innovar incorporando miradas multidisciplinarias que modifican el lenguaje, hacen diferente la comunicación entre las partes y alteran cualquier sobrentendido.

El consultor ocupa alguna forma de equilibrio entre estas tres exigencias.* En el nivel personal, y en función de

---

* De la misma manera puede hablarse de las tres tensiones entre tres niveles de participación en el proyecto. Los que mandan quieren cumplir con sus cometidos, tienen exigencias pragmáticas, conciencia de oportunidades, deseo de instalar algo distinto; curiosidad por lo que pasa afuera. Los del medio quieren equilibrar proyectos personales y de trabajo, reivindicaciones principistas, pedidos de continuidad, limitar su compromiso, indiferencia, suspicacia ante el de afuera. Los que acompañamos deseamos instalar aprendizaje a través de consultoría, validar el rol y sus aportes, actuar con eficacia aquí y ahora.

las etapas de su propio desarrollo, tenderá a privilegiar la ocupación de un polo o de un eje, y en ejercicio de su tarea se acercará al espacio nebuloso desde el cual puede lograr mayor efectividad. Conociendo esta situación de tensión, podrá actuar con mayor naturalidad ante demandas contradictorias.

Ya lo dijimos: el recaudo fundamental es, además, operar en equipo. Cuando el consultor actúa con colegas, cada uno tenderá a ocupar de forma idiosincrásica el espacio delimitado por los tres vértices, y ante una problemática singular preferirá operar con cierto equilibrio de las tres facetas del rol. Puesto que en un equipo cada consultor seguramente actuará de forma ligeramente distinta, la integración de perspectivas permite crear no sólo un grupo que las incluye, sino operar como control de excesos en la relevancia otorgada a una de las facetas. Parte de los conflictos internos en un equipo consultor podrían rastrearse según esta inclinación de distintos miembros por las diferentes facetas del rol.

La dinámica del proyecto es iterativa

El desarrollo de un proceso de Investigación Acción no es lineal: difícilmente se pueda hablar de una etapa discriminada de relevamiento, otra que le sigue y en la cual se evalúan proyectos alternativos, una tercera secuenciada rigurosamente en la que se implementa un cambio, y una última en la que se evalúa lo hecho. En la realidad, las tareas de relevamiento se extienden a lo largo de toda intervención; las modificaciones se van instituyendo de manera espontánea desde un comienzo, los retrocesos son naturales y esperables. A diferencia del esquema del método experimental, que podría graficarse así:

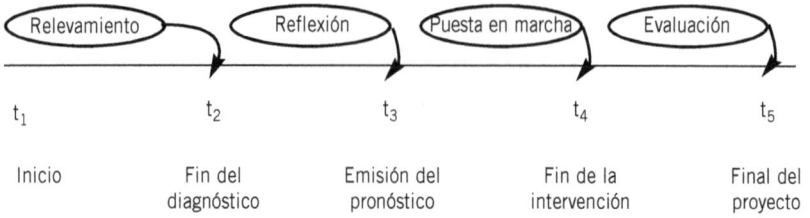

t_1	t_2	t_3	t_4	t_5
Inicio	Fin del diagnóstico	Emisión del pronóstico	Fin de la intervención	Final del proyecto

en lo que sería un modelo tradicional de investigación científica que separa cada una de las tareas, en los trabajos clínicos es más previsible un esquema del tipo:

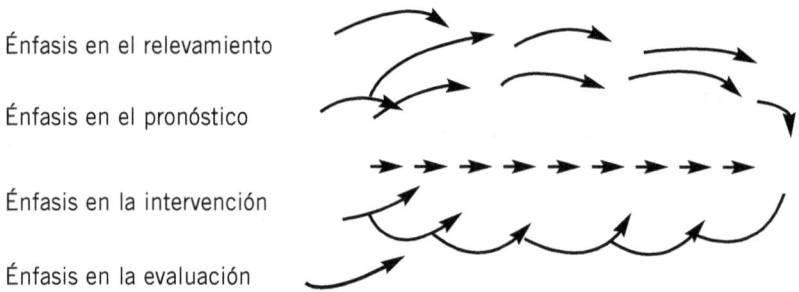

Énfasis en el relevamiento

Énfasis en el pronóstico

Énfasis en la intervención

Énfasis en la evaluación

Con esta alternativa en todo momento se produce relevamiento, se hacen aportes que condicionan el pronóstico, se interviene y se evalúa.

Goodman y Huff sugieren que el trabajo de Investigación Acción no es un proceso lineal, simple e iterativo, sino dinámico, en el que cada una de las diversas etapas se complementa con las otras. Proponen, pues, el siguiente diagrama:

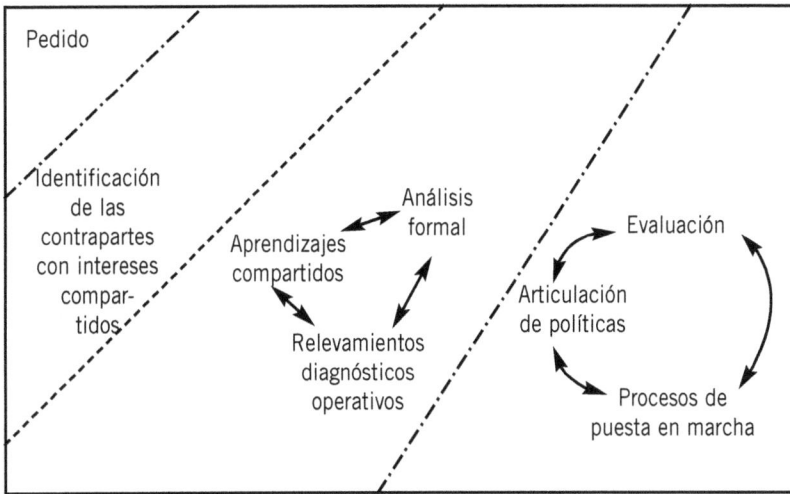

EL PASAJE DEL PEDIDO
A LA DEMANDA

Freud dice que se pela la cebolla y no queda nada.
Que no hay centro. Como metáfora es hermosa,
hasta que usted pela una cebolla y se da cuenta
de que adentro, al final de todo, hay un tronquito.

A. RODRÍGUEZ KNAUTH,
En conversación

En una relación de ayuda, los miembros de los equipos internos y externos negocian repetidamente la naturaleza y los alcances del proyecto que los reúne. En todo momento se presentan e incluyen sus necesidades que, en tanto pedidos individuales y demandas organizacionales, son utilizados políticamente para afectar el decurso de la tarea.

Así es que, aun después de acordada la naturaleza del trabajo a realizar en común, y en función de un convenio que cubre el marco de la relación, se incorporan datos nuevos, antes escondidos pero poco a poco revelados a medida que transcurre el proyecto, y también prioridades diferentes y centros de atención distintos.

De esta manera es previsible un proceso de reconciliaciones a lo largo de la intervención. Elemento integral del abordaje de la Investigación Acción, este proceso podrá darse satisfactoriamente en la medida en que se establezcan vínculos entre las partes contratantes, vínculos que faciliten y amparen las vicisitudes que sobrevendrán.

Más aún, el vínculo entre las partes es el factor que condiciona definitoriamente la posibilidad de recoger información y de viabilizar las tareas de análisis, puesta en marcha y evaluación de los procesos que se desee instituir. Sin relación acordada, consciente de que las crisis sostenidas son parte integral del proceso, es improbable que se pueda desarrollar un proyecto innovador. El consultor conoce esta característica del proceso, la adelanta y la repite incansablemente a sus clientes.

En el caso Ombú, el contacto con la empresa comenzó con una visita a un gerente de Relaciones Industriales, cargo que tenía un bajo nivel de autoridad, pero que estaba ocupado por una persona respetada. En el curso de la primera visita, el gerente explicó que se estaba realizando un cambio y comunicó que los directivos tenían interés en experimentar con un abordaje distinto del acostumbrado, similar al propuesto por el consultor. Después de varias entrevistas individuales con cada gerente involucrado, que dieron lugar a un primer proyecto experimental, y pasados cuatro meses de trabajo con el equipo directivo, que permitieron consolidar una relación de trabajo, en una reunión individual con el consultor el gerente expresó orgullo por haber contribuido –a través de "su descubrimiento del consultor"– a los avances que se estaban haciendo.

Los otros reconocían el esfuerzo del gerente por apadrinar el proyecto, y éste comenzaba a advertirlo como un logro que potenciaría la acción de su sector (hecho que, siendo valedero en sí mismo, afectaría negativamente el proyecto integral). Consultor y gerente conversaron sobre el potencial impacto negativo de esa actitud para garantizar que, si el proyecto era eficaz, se reconocieran las contribuciones de todos los participantes.

En otro caso, la situación era dramática: sobrevendría la venta de una parte importante de la empresa y el proyecto requeriría un replanteo total de la forma en que se conducía y se organizaba el trabajo, proceso que era evaluado como de difícil realización porque existían rivalidades marcadas, las individualidades eran fuertes y como grupo se percibían exitosos y sin necesidad alguna de cambio.

Ante estas circunstancias, y después de conversarlo con el equipo directivo, el consultor elaboró un papel de trabajo en el que resumía consideraciones que consideraba oportuno tener en cuenta para el desarrollo de la consultoría. Indicaba que, de llevarse a cabo el proyecto, era previsible que algunos de quienes participaran en el ejercicio de Análisis Estratégico se quedarían sin cargo.

Estas consecuencias eran evidentes. De hecho, uno de los que quedaría fuera del proyecto era quien mejor conocía ciertas cuestiones técnicas. Puesto que el adquiriente tenía gente especializada, era por otra parte difícil ofrecerle garantías. El proyecto se realizó con la participación activa incluso de quienes era previsible que quedaran afuera, y dos de los responsables del proceso de cambio efectivamente fueron separados.

En este capítulo centraremos la atención en factores que confluyen para que el vínculo se consolide. Sucesivamente nos detendremos en el pasaje del pedido a la demanda, las formas del contacto inicial entre las partes, las etapas características en la negociación del vínculo y los elementos de poder en el desarrollo del mismo.

El pasaje del pedido a la demanda

En cada proyecto son personas las que asumen roles diversos a lo largo de un proceso de esclarecimiento, consolidación y cambio. La forma en que se les facilita desarrollar estas funciones allana u obstaculiza el establecimiento del vínculo con el equipo externo.

Entender cómo desarrollan sus roles y cómo se agrega la posibilidad de incorporar al consultor permite establecer líneas de abordaje de consultoría que, respondiendo al modelo de Investigación Acción, permiten a su vez comprender el desarrollo de la relación, en tanto esa imbricación entre tarea primaria y tarea de reflexión encuadra el vínculo posible y define un diseño tentativo para la consultoría.

El consultor convalida pedidos y demandas de los diversos grupos. Sin embargo, ningún pedido de una persona es suficiente para canalizar una demanda, al menos hasta que ésta no se vea apoyada por un grupo que agregue otra perspectiva. Por eso el consultor escucha las primeras declaraciones e intenciones sintomáticamente. Sea quien fuere el que emite el pedido –desde cargos jerárquicos o posiciones de influencia, como miembro esclarecido, disidente o ingenuo–, por más que advierta una necesidad e intente canalizarla, mientras no haya apertura a otros integrantes del proyecto se considera el suyo como un pedido en ciernes.

El pedido de una persona se entiende como una llamada que alerta sobre necesidades de grupos internos que requieren colaboración. Y la primera tarea será trabajar con esa llamada para señalar/capacitar/crear las condiciones que permitan establecer un marco legitimado en el cual atender a terceros que se constituyan en un equipo representativo de pedidos/demandas organizacionales. El pedido individual alude a un pedido institucional, pero hasta que no haya sido valorizada por otros en forma activa y no incorpore otros protagonistas, se entenderá que es un emergente no elaborado, con baja probabilidad de estructurarse en proyecto. Aun si proviene de un miembro esclarecido –ideólogo, conductor, activista, etcétera–, el consultor lo entenderá como proyecto esencialmente personal y no como indicio de una demanda organizacional.

La demanda existe en la medida en que haya aval, lo que implica la predisposición a recoger y confrontar información por parte de quienes ocupan posiciones, y la posibilidad de instaurar la participación de quienes –en otros sectores y niveles, de inmediato o en etapas sucesivas– se verán afectados por el proyecto. Es la primera etapa del trabajo. En ella se elabora el pedido, se lo encuadra organizacionalmente y se explicita el marco de actividad del equipo consultor.

Es normal que un pedido comience con una invitación personal. Un colega que ocupa un cargo pide colaboración a quien pueda facilitarle la tarea. La pide a un conocido, o a quien desea conocer. ¿Cómo entonces discriminar entre un pedido de apoyo individual y un proceso que abarcará lo organizacional, y respetar la relación atendiendo necesidades de un emprendimiento que va más allá del requiriente?

Motorizado por una crisis, por una falla o por la oportunidad de un mejoramiento, la llamada parte de la necesidad de ayuda. La dinámica presupone el manejo de conflictos entre diversos grupos y sectores en la organización, y la llamada desnuda una debilidad ante potenciales adversarios, o la posibilidad de verse desbordado por una situación inquietante. Superando el temor, la culpa o la vergüenza, el que pide convoca al consultor y la llamada se realiza "de persona a persona".

En la naturaleza de este pedido coexisten tres tipos de requerimientos que, explícitos o implícitos, hacen a las características de las constelaciones culturales en pugna.

En primer término hay un pedido de *guía ideológica*: se solicita la asistencia de quien, más allá de su idoneidad, es elegido por su presunto nivel de compromiso con ciertos marcos de referencia, y estos marcos son aceptados por quienes dirigen la organización y por quienes piden ayuda. Ahora bien, el pedido de amigo alude a una petición de solidaridad y de no denuncia. Apela a una ayuda que satisfará porque cabe en el marco de valores convenidos. El esclarecimiento buscado debe hacerse en compañía de quien comparte una escala de valores.

En segundo lugar, aparece una *necesidad operativa*: el aporte buscado debe ser de eficiencia. Se llama a quien podrá simplificar, acelerar, agilizar, reorganizar, racionalizar, resolver, unir, motivar, estimular. Se llama a quien presuntamente no sólo sabe, sino que "sabe hacerlo con los recursos existentes". Independientemente de la cultura, este pedido incorpora cierto componente mágico: descuenta que el de afuera aportará recursos que el de adentro ignora y el otro domina, con lo cual desaparecerá aquel tema por el que se llama y que se plantea como parcialmente identificado. Que el de afuera venga avalado por títulos y actividad en ámbitos prestigiosos colabora con la presentación ante terceros, porque convalida esta dimensión.

Por último, existe la *demanda de continencia*. El pedido es de acercamiento: nace motivado por una ansiedad y se lo hace con el deseo de lograr tranquilidad. Ulloa sostiene que se espera que el de afuera *sostenga sostenidamente*. Explicitada o no, está siempre la búsqueda de alguien que ayude a pensar sin reaccionar ante lo que se diga, que no acuse, que no reprenda, que no se burle, que no humille.

El pedido emerge por estos tres carriles. Cada uno responderá a él a su manera, pero la necesidad del consultor es doble. Por una parte, debe entender cómo este proceso de establecimiento de un vínculo se regenera a medida que avanza la consultoría. Por ejemplo, cuando colegas desconocidos en el inicio del programa se transformen en rivales suspicaces, o bien en asociados potenciales que puedan acercarse para constatar cuál es la naturaleza de la situación y encarar así un trabajo conjunto. En segundo término, debe equilibrar el vínculo personal con el convenio profesional.

Ahora bien, en una consultoría interactúan intereses diversos en proyectos que se complementan, se oponen o encadenan. Cada demanda, por lo tanto, incluye elementos personales, grupales y organizacionales: cada integrante de un grupo requiriente mantiene expectativas en el nivel individual y elabora su propio proyecto a la luz de la inserción del consultor. A su vez, como integrante de equipos informales y de sectores formales, conjetura en qué medida la inclusión del consultor favorecerá la realización de su propio proyecto en el marco institucional. Lo mismo hace la conducción de diferentes sectores, que entiende la consultoría a su servicio como un recurso privativo de grupos jerárquicos, departamentales, o de subgrupos de esclarecidos.

En las primeras entrevistas consultor y potenciales clientes conversan sobre cómo visualizan estas diferentes demandas y cómo, de por sí, ellas ayudan a explicar la emergencia de los casos por los que se requiere ayuda. La decodificación permite a los demandantes percibir fortalezas y debilidades aún desconocidas, e identificar los temas que podrán convocar a ese tercero que se comprometerá en su análisis y encarrilamiento. Al mismo tiempo, se advierte hasta qué punto se admitirá la presencia de terceros. El consultor formaliza la relación y sugiere a quiénes incluir, porque son parte de la temática a la que se pretende agregar alguna luz.

Argyris indica las motivaciones principales de los grupos internos ante la inclusión de un consultor. Recuerda que conviven sensaciones de inseguridad con ambigüedad ante la propia demanda. Recuerda que en las primeras entrevistas es usual que los participantes expliciten, enriquezcan o contradigan las motivaciones que expusieron quienes concertaron la entrevista.

Algunos se centrarán en lo ideológico –"buscamos un camino que refleje nuestra forma de brindar servicios"–; en lo organizativo –"ustedes seguramente nos ayudarán porque saben cómo funciona la administración actual"– ; o bien en lo vincular –"nos conocemos porque trabajamos juntos durante tantos años, y de alguna forma sacamos adelante cada caso, pero a los más nuevos ni los conocemos y no tenemos tiempo para contarles quiénes somos nosotros...".

El pasaje a lo organizacional ocurre con la participación de quienes representan visiones diferentes del proyecto en ciernes. A veces, sin la ayuda del consultor es difícil instalar relaciones distintas entre quienes sostienen visiones diferentes del proyecto: los que ocupan cargos mantienen distancia frente a los otros, y el consultor deberá generar las condiciones para que se creen ámbitos que den lugar a la comunicación entre las partes, lo cual facilitará la recolección de información, el intercambio, la comprensión y la eventual aceptación de versiones distintas de una misma aparente realidad.

Lograr este pasaje define además la posibilidad de operar, en otro momento, en entrevistas individuales. En la medida en que se acuerde operar con voluntariedad, autonomía, confidencialidad y consultas iterativas, se legitima el acceso individual al consultor sin que ello implique un vínculo privilegiado. En el ámbito organizacional es previsible que, en un principio, sólo una minoría requiera tales entrevistas: la mayoría se posicionará como para que le sean requeridas, y sólo considerará legítimas las de quienes contratan.

CONSTELACIONES CULTURALES
Elogio de la diferencia

Pensamos con generalidades,
vivimos en detalles.
ALFRED NORTH WHITEHEAD

Argentinos, a las cosas.
JOSÉ ORTEGA Y GASSET

Extraña y repetitiva experiencia la del consultor con la creación de espacios: a pesar de las aparentes consistencias impuestas por la naturaleza del proyecto –y que se refuerzan con procedimientos de planeamiento, organización y control, así como con las políticas de selección, inducción, entrenamiento, evaluación, etc.–, cada cliente –cada persona, cada grupo, cada sector– es singular. Dar por sentada esta diversidad le ayuda al consultor a instalar la *tabula rasa* necesaria. Porque, en tanto instituciones humanas, por más que descuente que existen más similitudes que diferencias entre sí en firmas automotrices, petroleras y en instituciones bancarias, más convergencias que discrepancias en cada servicio de pediatría, de terapia intensiva, o de traumatología, más puntos de contacto que distancias entre distintos colegios, lo usual es cada vez lo único. Cada una, en cada sector, es diferente y el consultor opera en la subjetividad. La tarea puede ser la misma, pero la forma de hacerla es la propia de cada uno de ellos, como la del consultor en la suya.

Por eso, al comenzar una consultoría dará pasos en falso quien descuense prioritariamente en el peso de la tarea principal de la empresa –operar a partir de los fines decía Weber–, se limite a las admoniciones de Stinchcombre –la influencia de la forma de organización en el momento de la creación de una industria sobre la historia de la firma–, haya leído a Woodworth sobre tipos de demandas en la constitución del método organizativo y dé especial prioridad al peso de la tecnología sobre la forma de estructurar un proyecto. Cada aporte de los estudiosos es pedagógicamente vital y operativamente inútil –los mencionados son los que más a menudo me increpan y no son los únicos–. Sus aportes colaboran a formar antes, no a acompañar durante. Dan tranquilidad sobre las maneras de resolver cuando lo que aparece es una cuestión técnica, pero el trajín muestra las formas diferentes de encarar los conflictos y de si plantearse o no un dilema ni bien surgen cuestiones de poder, de prestigio o de prioridades.

Tensión entre dar salida rápida a una situación problemática y hacer mientras se piensa, el ámbito de las organizaciones está abarrotado de las ineficiencias de actuar en función del primer modelo –los expertos saben qué hacer porque tipifican el caso– o de otro, alternativo, en el cual el practicante instala buen trato* –los afectados se abren camino haciendo–. La calidad del aporte del consultor se concentra en la vuelta de tuerca que va del *lo que pasa es* al *veamos lo que estamos haciendo* que muestra la diferencia entre la pasión fría por la categorización, contra el asombro caliente de *es ésta la manera en que nosotros hacemos*. De ahí lo adecuado de utilizar la noción de cultura. Porque el proyecto es civilizatorio: evoluciona sobre y en torno de lo que está. Lo que pasan a hacer los de adentro será incremental en tanto tomen conciencia de su forma

---

* Buen trato implica tratar a todos igual. En empresas transferir ese trato a la relación cotidiana depende de la concepción de autoridad instalada: el caudillo, para dar un ejemplo, maltrata a todos por igual.

de operar. Ulloa dice que se sale a través de la utopía, organizando los recursos desglosándolos del telón de fondo de la misma institución. También dice que la sobrevida se produce cuando se instalan idoneidad y relevancia; paciencia y veracidad; y finalmente, fidelidad a esa veracidad.

Ahora bien, el énfasis en la eficiencia característico de las organizaciones complejas abomina de la simplicidad de la que son capaces los que en ellas trabajan, destreza que el consultor recupera. ¿Por qué se desatiende esta potencialidad? Cuestiones de poder, sin duda, pero también cuestiones de modelo mental. A menudo un directivo insiste en tomar contacto con una realidad genérica –que pasa a constituirse en la trama que sostiene su actividad– y desarrollar su práctica sobre las conclusiones que emergerían de su definición del caso contra aquel bastidor, y no ya a acercarse para entender la naturaleza de la tarea específica que se propone. Arma una estrategia y desarrolla una operativa sobre la base de cierta *realidad* y se desentiende de lo que ocurre en efecto en el campo, aun cuando la experiencia cuestione en forma clara y simple aquello que elige como sustento. En vez de actuar con una actitud de descubrimiento, por aproximaciones sucesivas, en diálogo con la situación, apoyado en su procesamiento de información, criticando la teoría que otros construyeron y él adoptó para iniciar su trayecto, haciendo lo que funciona, aprendiendo del hacer a medida que hace con otros que dudan, preguntan, cuestionan, inventan. Operar día a día. En las cosas.

Formas del contacto inicial entre las partes

Un grupo de personas sabe que conviene incorporar recursos externos durante un tiempo limitado, para llevar a cabo una tarea de esclarecimiento, consolidación y cambio.

Tiene su propia apreciación sobre las circunstancias y los caminos para desenvolverse, pero reconoce sus dificultades y no alcanza a encontrar una salida satisfactoria a un caso que técnicamente no parecería difícil.

No tiene, sin embargo, los recursos apropiados, o no alcanza a manejarlos como sería necesario, y al pasar revista a casos similares advierte que hay una historia en torno de ese tipo de conflicto, una historia en la que subsisten sensaciones de malestar y deterioro. Existieron, sí, intentos de mayor aliento, pero sólo lograron producir desconcierto, desaprensión y rupturas. En consecuencia, el pedido se expresa con frases genéricas tales como "Lo que necesitamos es organizarnos"; "Hay que cambiar la mentalidad"; "Que se tome en cuenta la necesidad de articular mejor los esfuerzos"; "Que podamos entender lo que estamos haciendo"; "Para poder trabajar con menores costes tenemos que empezar a construir credibilidad". Las constelaciones propuestas permiten profundizar diversos casos.

Constelaciones culturales predominantemente cerradas

Estas constelaciones invitan al consultor cuando una amenaza hace peligrar la supervivencia de cierto estado de cosas. Lo establecido corre riesgo. Esta amenaza puede originarse en elementos externos, como la previsión de un cierre de la actividad, la pérdida de porciones de mercado ante la baja de aranceles a la importación, el egreso de varios jóvenes profesionales en los que se tenía depositada mucha confianza, o bien un proyecto de legislación que altera la relación con el sindicato. El cambio es reactivo, está motivado por la angustia y se propone evitar el enfrentamiento con otra zona de la realidad.

El hecho es aprovechado por un sector comprometido con la organización para sustentar un pedido de consultoría. Factores controlados, elementos que no requerían ser tomados en cuenta, se advierten como intimidantes para el equilibrio de la organización y ciertos grupos se movilizan buscando reducir el peligro.

El pedido se expresa de muchos modos: como una necesidad de demostrar la eficiencia del modelo existente; como una defensa de "la actual manera de hacer las cosas"; como una urgencia por recomponer grupos internos para que continúen en sus tareas mientras perdure la indefinición. Paralelamente, actúan las fantasías de quienes toleran la inserción del consultor sólo como medio para instaurar modificaciones cosméticas con las cuales la conducción existente pueda salir del paso y subsistir, por más que cambien sustancialmente ciertas condiciones que la afectan.

En semejantes casos es normal que se diluciden otros tipos de conflictos entre niveles y sectores, mientras la temática central –que normalmente requiere decisiones en el nivel político o estratégico– es manejada en niveles más bajos. En otros casos la mayor amenaza a la situación existente proviene de elementos internos: la incorporación de una tecnología que quita autoridad a grupos consolidados, el retorno de profesionales que han alcanzado más formación profesional en otro país o, en un organismo central, las adecuaciones estructurales que imponen condiciones de trabajo en el organismo descentralizado y reducen el margen de maniobra de grupos que se beneficiaban con el anterior estado de cosas.

En cada uno de estos casos, lo fundamental es crear un espacio que pueda generar comunicaciones veraces. Se opera a través de entrevistas personales y grupales. En ellas, el consultor se aboca a explicitar en qué condiciones se encuentra el proyecto, y facilita la negociación para que surjan condiciones operativas distintas.

Es usual que las reuniones incluyan entradas y salidas, llegadas tarde, postergaciones y pedidos de postergaciones, llamadas a terceros, interrupciones y largos silencios mientras se desarrollan las entrevistas. El consultor advierte que "hay demasiada información y la primera tarea es limpiar el campo". Su labor se centra en brindar atención y respeto. Él reafirma la viabilidad de ciertos proyectos, confirma la seriedad del caso y, quizá lo más difícil, crea las condiciones para la recuperación de la autoestima de quienes se sienten menoscabados (sin que el ámbito que se genere sea interpretado por éstos como convalidación de su tradicional forma de actuar).

Por definición, en una constelación cultural predominantemente cerrada esto provoca desconcierto y suspicacia. Algunos avalarán la tarea: la permanencia del consultor dependerá de cuán independiente se pueda mantener de quienes más se le acerquen.

En general, los pedidos provenientes de culturas predominantemente cerradas son consultas para el reaseguro personal: una persona o un grupo expresan malestar, iracundia o soledad. Se sienten perdiendo el control. Son individuos con expectativas simples y claras, acostumbrados a manipular, y esperan que uno cumpla con sus demandas. Esperan que el consultor haga las cosas como las harían ellos. Sienten que existen otros que están en clara competencia con ellos, y cuidan la entrada de nuevos grupos. Encubiertos en la presentación de un problema organizativo, o aprovechando la emergencia de una innovación tecnológica, muestran una intención de manipular la situación general en beneficio de una continuidad.

En una reunión social, el consultor conoce a un ejecutivo que cuenta que su empresa pasa por circunstancias muy duras. Al día siguiente es invitado a conversar con un alto directivo. Este le refiere que durante largos años su empresa mantuvo políticas y actitudes "paternalistas", pero que a raíz de la creciente competencia global decidió reducir la dotación en un treinta por ciento. La decisión se tomó hace seis meses, después de una reunión de trabajo con el equipo directivo. El gerente general está consternado porque, pasado tanto tiempo, "la gente no se ha acostumbrado al cambio". El gerente general espera una recomposición natural, y ni él ni el ejecutivo entienden. Piden que se les devuelva un mundo perdido. Si alguno se los ofreciera, sentirían restituida su racionalidad. En cambio deben vérselas con un consultor cuyo silencio los recrimina. De la conversación surgen elementos que hacen suponer que han estado aislados. Aunque viajen al exterior varias veces por año, y estén conectados por tecnología electrónica, sus contactos se limitan a datos filtrados para adecuarse al modelo aceptado para su gestión acostumbrada.

¿Cómo encaminar una consultoría que discrimine y opere simultáneamente sobre los requerimientos del emprendimiento y sobre las necesidades personales?

Muchos pedidos propician llanamente el rechazo cuando, por ejemplo:

- el proyecto es crítico porque cierta persona, o cargo, así lo definió;
- las metas del proyecto son desmesuradas;
- el consultor asesora a una sola persona o se limita a resolver un tema predefinido;
- conlleva exclusión de grupos afectados, impone tardanzas en su inclusión o establece condiciones en las cuales tal participación estaría viciada.

Estos pedidos señalan crisis que ganaron cierto grado de difusión. Se recurre a ayuda externa ante la evidencia de la transparencia no deseada que adquiere una situación, como la amenaza de un sumario, un informe de auditoría, recomendaciones del gerente de una oficina regional, etcétera.

En una organización multinacional se trabaja bien en lo técnico. Todos los directivos y especialistas se han formado en la empresa entrenándose sistemáticamente. Con el tiempo, y gracias a una estructura funcional, la feudalización es alarmante y no existe intercambio entre sectores. Un asesor de la División Internacional advierte el problema y en su informe recomienda realizar un Taller de Integración de Equipo. Analizado el caso, se advierte que a menos que se esté dispuesto a modificar políticas y procedimientos operativos, el taller sólo resaltaría las fallas existentes en la operación. Conversada la situación con el gerente general, éste posterga la realización del taller: ante la dificultad, evita tomar acción.

A veces, sin embargo, el tiempo pasa, la crisis se repite y denuncia la ineficiencia, predomina la incapacidad y se abren las compuertas al pedido de ayuda expresado por quienes más valoran sus consecuencias. Es previsible que una constelación cultural predominantemente cerrada sólo apele a ayuda externa en períodos decisivos y graves que se caracterizan por evidentes desequilibrios, por fuertes alteraciones en diversos sectores y por el hecho de que ese estado de cosas cuestiona la sobrevida de su proyecto. No es inusual que el pedido sea uno más en una serie de demandas a profesionales de diversos campos, una vez agotados los pedidos a integrantes de grupos primarios vinculados.

Cuando, sin embargo, estalla una crisis y se hace una intervención exitosa –el consultor intenta introducir condiciones de trabajo que permitan extender el proyecto más allá de las primeras entrevistas– surgen realineamientos y ciertos integrantes comienzan a aliarse. El consultor sólo se mantendrá como recurso útil en la medida en que siga existiendo la amenaza sobre la organización.

La continuidad del proyecto dependerá de las alianzas que se perfilen entre niveles y sectores. Los turnos de fábrica reestructurarán el pasaje de consignas; ciertos personajes asistirán con mayor regularidad a las reuniones. Son procesos de modificación que señalan un aval, y que quizás indiquen la aceptación de un proyecto. Porque, de no poder imponer ciertos cambios, el proyecto quedará nuevamente al servicio de un subgrupo.

Muchas experiencias puntuales realizadas en estas constelaciones muestran la dificultad de encauzar una consultoría sostenida, salvo cuando, desde vertientes importantes para la sobrevida de la organización –nivel político, económico, etcétera–, la Dirección reconozca la presencia de impulsores externos –competencia agravada, tecnologías obsoletas– e instaure otros equilibrios de poder internos. Amparados de esta forma por procesos renovadores, ciertos casos se extienden y prosperan, pero es vital crear grupos de conducción de recambio que mantengan a la vertiente renovadora protegida de avatares que refuercen el modelo cerrado.

Normalmente, dijimos, las tareas se centran en entrevistas. Se conceptualiza sobre los límites que imponen las prácticas predominantes y sobre la suerte corrida por anteriores proyectos innovadores. Por lo dramático de la situación, estas consultas provocan sentimientos y emociones marcados. Habrá muestras de agradecimiento y recriminaciones fuertes con las que el consultor aprende a convivir.

En un caso la consultoría se hizo en las dos divisiones más pequeñas, hecho que se explicó más tarde cuando quedó comprobado que en las dos divisiones más importantes, los gerentes a cargo estaban consumando una estafa. En aquéllas donde se pudo hacer la consultoría, el nivel del diálogo era deslumbrante, pero el rechazo de coordinación de los gerentes principales imposibilitaba implementar los cambios requeridos, y el proyecto se interrumpió.

La mayoría de estos proyectos finalizan tras las primeras entrevistas. En el caso de una empresa profesional, se observó que el problema objeto de la consulta llevaba a la necesidad de implementar una organización del trabajo menos discrecional, que alteraría la relación de fuerzas entre un equipo que respondía a uno de los socios y otro que era más leal a otro. El pedido advertía sobre esta situación, y de las conversaciones parecía posible desarrollar un mecanismo negociado. Incluso así, y aunque se perfiló un esquema con el cual todos decían que "podrían trabajar", las postergaciones y la franca oposición en los detalles de parte de quienes habían pedido la consulta hicieron imposible el pasaje a la puesta en marcha, y la consultoría se cerró con reuniones de trabajo en las que se discutió abiertamente la imposibilidad de modificar la situación. Ese procesamiento cerró el proyecto. En un intento de explicación, uno de los socios dijo: "Recuerde que en nuestro país no creemos en organizaciones. Valoramos a los hombres". Para él, una organización sólo tenía valor de demostración, y el crecimiento de su empresa, que vivía una crisis mayor, descansaba en pericias personales y no en lo que llamaba "un sistema rígido y asfixiante".

A veces el pedido lo hacen varios individuos que aprovechan una coyuntura para buscar un esclarecimiento. Si bien limitan el pedido a un aspecto específico, en realidad quieren hacer manifiesto el juego entre quienes representan ciertos valores tradicionales y quienes, a la luz de esos valores, son considerados incompetentes. Estos individuos buscan asegurarse su continuidad en la organización. Tratan de lograr una reivindicación postergada, reposicionarse. El consultor descuenta que ese proyecto será limitado. Pero entiende que, gracias a su participación, quizá pueda incorporar una instancia innovadora en la experiencia de unos y otros participantes. Los siguientes ejemplos muestran la dinámica previsible en estos casos.

- El director de un prestigioso estudio que ocupa a muchos especialistas contrata a un joven profesional muy destacado. Su presencia es codiciada por competidores y llegan a un acuerdo de mutuo beneficio que lo ubica por encima de todos sus colegas, a quienes desprecia abiertamente. En general todos los integrantes del equipo son personas brillantes que resuelven problemas críticos de muchos clientes. Su relación es oportunista y saben que el vínculo durará hasta que el joven sea atraído por quienes más prestigio y dinero le ofrezcan. Los manejos lindan con lo delictivo. Tres de los directivos del estudio, preocupados por los reclamos legítimos de un cliente internacional (que entiende que ha sido defraudado en sus expectativas) y por el cauce que sus demandas puedan tomar, piden una consultoría que incluye a abogados, auditores y expertos organizacionales.

• Un gerente prominente de un organismo estatal, funcionario de carrera, invita al consultor a instancias de un grupo de ingenieros que asistieron a una mesa redonda sobre Reforma Administrativa. Se acuerda que deberán aplicar algunas de las ideas al organismo. A su llegada al despacho del gerente, el consultor constata que la entrevista se hará sin los ingenieros. Además, el gerente cierra la puerta y no responde cuando en dos oportunidades golpean. Relata la historia del organismo como una serie de enfrentamientos, minimizando todo aporte de terceros. Descontrolado, en varias ocasiones pide la confirmación de sus opiniones. El consultor expresa interés desde una posición neutral, a lo que el gerente exclama: "¡Pero usted también está en mi contra!". Durante el resto de la reunión explaya su posición y pide convalidaciones. Para organizar un segundo encuentro del consultor con los directores de cada sector, afectados por los temas tratados, dice que él llamará por teléfono. Esa llamada nunca se recibe.

- La dirección de una empresa invita al consultor a una entrevista. Se le propone integrar un equipo interdisciplinario que definirá las necesidades de una pequeña ciudad. En esa ciudad se desarrollará una nueva planta industrial que va a afectar significativamente la economía del lugar. Interesa realizar investigaciones comunitarias, ya que serán seleccionadas familias para radicarse allí. La idea es colaborar con grupos existentes e iniciar un programa de Asistencia Técnica. Se le pide al consultor que participe en un curso para geólogos. Una vez finalizado, se le pedirá que escriba un informe con su opinión sobre el nivel de aprendizaje de cada uno de ellos. Frente a la pregunta del consultor sobre la relación que guarda el trabajo comunitario con este pedido, se le responde que desean "verlo trabajar y evaluar su modalidad con un grupo al que nosotros ya conocemos muy bien". Se discute la naturaleza real del trabajo que se pide, analizándose formas de inspirar confianza en los colegas y su impacto sobre el clima de la organización. El consultor no acepta la tarea.

- Hace un tiempo me telefoneó un gerente que había asistido a un Taller de Negociación y que, habiendo tomado una responsabilidad nueva en otra empresa, pensó que su personal debía mejorar sus habilidades en ese campo. Se hizo un relevamiento, se presentó una propuesta y no recibimos respuesta; cuando lo consultamos dijo que la propuesta estaba "cajoneada". Olvidamos el caso hasta que, poco antes de fin de año, telefoneó la responsable de Capacitación para preguntar cuándo haríamos el Taller. El programa había sido aprobado y, si no se desarrollaba, se perdería el presupuesto; además, le preguntarían por qué no se había hecho y, como era nueva, deseaba lucirse. En el ínterin, el cliente original se había retirado de la empresa. Cuando se anunció el programa, se anotaron sesenta interesados.

El primer grupo incluía a un iracundo gerente de Finanzas que a las dos horas preguntó quién había propuesto la inclusión de ese programa, ya que las herramientas sugeridas jamás se podrían aplicar en su empresa en tanto la filosofía subyacente contradecía lo que se hacía a diario. Desde otra parte de la sala, un experimentado gerente del Área Comercial señaló que su sector trabajaba exitosamente con los criterios que se explicaban en el curso y que esa diferencia servía para entender los enfrentamientos que se vivían en las reuniones entre sectores. Se constató que, efectivamente, entre sectores se alentaban los enfrentamientos, pero el taller terminó con buenas evaluaciones y se programaron reediciones para los otros grupos.

El programa era ambicioso. En cinco jornadas permitía desarrollar cierta habilidad negociadora, ya que no sólo presentaba un sistema sino que dedicaba la mayor parte del tiempo a ejercitaciones y a análisis de casos reales. Dadas las contradicciones que de todo esto podían derivarse, pedimos reunirnos con los responsables de Recursos Humanos, cosa que fue cuidadosamente evitada. Sabíamos que conocían los contenidos de los talleres, y que entendían sus efectos, por lo que después de repetidas intentonas la responsable de Capacitación señaló que las evaluaciones del primer año habían explicado la inclusión de los cursos en el siguiente presupuesto. El acuerdo tácito de operar dentro de las restricciones de la cultura incluía saber que preferían no hablar de aquello que alterase cierto equilibrio interno.

En los dos años siguientes, más de cuatrocientas personas –gerentes, jefes, supervisores y profesionales de Ventas, Contrataciones y Compras– asistieron a los talleres. Se convocaba integrando personas de diversos sectores, de manera que el efecto del programa era integrador. La mayoría demostraba que usaba pautas y elementos relacionados con los contenidos del curso. Además, se dio lugar a otra contratación en tres provincias en las que la empresa tenía operaciones fabriles y comerciales: cuanto menor la operación, más necesario era el establecimiento de vínculos informales y más experiencia aportaban en el uso del abordaje enseñado. Muchos traían a colación situaciones de conflicto resueltas a partir de prescripciones similares a las del taller: lo que para algunos había sido un descubrimiento personal podría usarse en forma sistemática con una metodología que confirmaba su propia experiencia.

Los talleres se repitieron con regularidad mientras la responsable original estuvo a cargo de Capacitación. Ahora bien, en la época en que la promovieron, me presentaron al director de Operaciones, a quien había conocido años antes en otra empresa. Cuando le mencioné que estábamos colaborando con la suya y quiso saber qué hacía, se lo dije y al poco tiempo dejamos de trabajar con su firma.

El caso provoca varias reflexiones, a saber:
 – La empresa es una burocracia formal que opera con criterios de caudillaje y paternalismo. La mayoría de las operaciones productivas, sin embargo, no pueden llevarse a cabo con los so-

brentendidos y sistemas que derivan de esos criterios. De hecho, tanto en las fábricas como en el trato con los clientes quienes ocupan cargos desarrollan las modalidades previsibles en culturas articuladas o abiertas.

– En las operaciones más pequeñas, en las que el grupo instaura relaciones cara a cara, el engaño no puede ser sostenido. Si el responsable del sector es sensato instala una cultura opuesta a la de las oficinas centrales, actuando en forma paternalista; esto no es clandestino –no podría serlo– y la excepción se admite por su irrelevancia frente a la cultura predominante. Cuando, por otra parte, las conductas del responsable del sector remiten a las de un patrón –como se espera en el nivel central–, los trabajadores instalan distancia y operan con eficiencia aunque el superior dirija como lo hace.

– En las operaciones mayores, la imposibilidad de modificar las exigencias de los sistemas burocráticos de control hacen que se mantenga el autoengaño. Así entonces, el responsable de sector sensato instala mecanismos de protección, apela a los canales informales y opera aprovechando los intersticios del sistema; cuando sus conductas remiten a las de un patrón, se acepta su intransigencia como dato confirmatorio de la cultura, sabiendo que el paternalista difícilmente se mantenga en su cargo mucho tiempo.

– En tres años pasaron por los talleres de formación casi todos los gerentes, jefes y gran parte de sus colaboradores: la mayoría se alegraba de la ocasión y aprovechaba el aprendizaje. La casuística enseñada presentaba modalidades de trabajo diferentes a las usadas por quienes dirigían la empresa, y era previsible que, para sobrevivir, muchos utilizasen alternativamente prácticas de varios sistemas, dependiendo de quiénes estuvieran presentes cuando lo hacían.

La referencia a culturas predominantemente cerradas alude a este tipo de constelaciones, que incluyen prácticas facciosas y cierto nivel de irracionalidad.

Constelaciones culturales predominantemente articuladas

En estas constelaciones las entrevistas, reuniones y pedidos de referencias preceden al pedido de colaboración. El establecimiento del vínculo sigue pautas formales y reglamentadas. Los directivos realizan contactos telefónicos, piden el envío de trabajos, invitan al consultor a almorzar, informan con detalle los avales para llevar a cabo la eventual consultoría. En algunos casos, anuncian que la conducción de la empresa desea realizar el proyecto, la ha presupuestado y cuenta con profesionales internos que participarán en tareas de asistencia del consultor, con el fin de formarse y actuar como equipo de sostén.

Es usual que quien presente el pedido lo haga acompañado por un responsable de tareas vinculadas a las que concitan el pedido. Ambos plantean los temas centrales que deberán ser analizados y los aspectos más preocupantes, y dejan en libertad al consultor para incursionar en las áreas vinculadas una vez que se haya familiarizado con la situación. Los directivos aclaran que la definición del área problema fue hecha por especialistas internos, a veces internacionales, y aportan las evidencias que los llevan a cierta interpretación del caso y a la selección rigurosa de una metodología de abordaje.

Estas constelaciones se enmarcan en función de sus criterios administrativos, y atribuyen legitimidad excluyente a esa racionalidad. Normalmente, descuentan que cualquier proyecto tiene valor de prueba piloto: es un experimento entre muchos. A menudo reclaman la formación de expertos internos. Estos expertos usan jergas y rigurosos marcos técnicos de referencia en función de su formación profesional, y es común contar con la avidez y cierta simpatía de los sectores de servicio que se identifican con el consultor. Los expertos así formados muestran impaciencia ante códigos de comunicación nuevos: esperan que no se instauren marcos de referencia que contaminen esquemas preexistentes.

Esto se evidencia a través de conductas defensivas. Sin embargo, la explicitación de las condiciones de encuadre resuelve estas dificultades y permite pasar a problemáticas denominadas "de comportamiento –o de desarrollo– organizacional".

Quienes actúan en estas constelaciones descuentan que el proyecto seguirá las pautas básicas de una investigación, con sus etapas de definición del problema, relevamiento, definición de planes de acción, puesta en marcha y control. Se supone que el consultor trabajará con grupos naturales de la institución, por niveles o por especialidades.

La negociación de las condiciones en las que se realizará el trabajo se discute formalmente, como paso previo a cualquier consulta. O se asume dentro de lo acostumbrado en las profesiones liberales en el medio. Se crea un vínculo formal: las primeras entrevistas –que en una constelación cultural cerrada remiten a espacios privados y con personas que no siempre ocupan un cargo oficial, y que en constelaciones abiertas se realizan ante grupos numerosos– en constelaciones articuladas como las que ahora nos ocupan se acercan a una relación entre pares ante un problema importante, y en un principio eluden las aristas más difíciles.

Es previsible recibir pedidos de constelaciones culturales articuladas cuando se tomaron decisiones y se intenta reforzar la efectividad de un curso de acción, agregándole recursos modernos como, por ejemplo, la modificación de un organigrama, con la seguridad de que contribuirá al éxito. Y el proyecto de intervención se caracteriza como el recurso que asegura el ajuste social del caso.

Cada subgrupo interno tolera con mayor o menor latitud la consultoría, especialmente en su aceptación de la ambigüedad que presenta el consultor al hacer señalamientos que obligan a recomposiciones conceptuales.

Estas constelaciones valoran el orden y el control. Así, la organización cumple propósitos rigurosos y su proyecto primario se entiende como justificado en sí mismo. Se busca la eficiencia, y en la medida en que el equipo consultor pueda contribuir a alcanzar sus metas, existe la posibilidad de viabilizar el pedido, definir la demanda y estructurar un proyecto (porque, por otra parte, se valora la experimentación).

Las culturas articuladas exhiben, además, resistencias a incorporar perspectivas que cuestionen la supremacía de la visión instituida. En las primeras entrevistas se indica que se ha perdido eficiencia y se desea reconquistarla. Son factores que aceleran el proyecto, ya que se valoran la competencia y la idoneidad. Cuando a partir de las primeras entrevistas se advierte que el proyecto puede desarrollarse a mediano plazo –con el aval de recursos técnicos, profesionales o de capital, que ayudan a contemplar la situación sin apuro–, se abren oportunidades para opciones creativas: liberados de las ataduras tradicionales, los participantes expresan su inventiva. Esos proyectos tienen probabilidad de mostrar resultados y de transformarse en experiencias con valor de demostración, lo que a su vez se convierte en un elemento motivador fundamental para quienes participan.

Constelaciones culturales predominantemente abiertas

> La planta crece del aire, por fotosíntesis.
> No por las raíces.
> Absorbe carbono y oxígeno,
> transforma el gas en sólido.
>
> FRITJOF CAPRA, *El Tao de la Física*

El pedido de estas constelaciones incluye el conocimiento de la modalidad de abordaje del consultor. Además, se da por sentado que por ello él participa de la escala de valores de la propia organización. Esto facilita la rápida creación de grupos de corresponsables. La representatividad se juega en todo momento y hay más costumbre y pericia para el trabajo en plenarios (sea cara a cara en asambleas, o con reuniones que abarcan a toda la población operando a través de grupos heterogéneos).

El trabajo del consultor es deseado y mientras que en una constelación cerrada se lo percibe como un profesional solitario, y en una articulada se lo recibe en tanto esté avalado por prestigio profesional, en las abiertas es considerado un miembro solidario con las convicciones que sostienen los sobrentendidos grupales. Es usual que se lo conozca por haber realizado intervenciones en instituciones similares, lo que refuerza los vínculos personales. Estas constelaciones valoran los procesos de la dinámica grupal y una cultura psicológica que les permite sugerir, elegir e incorporar recursos de las ciencias sociales y verbalizar los conflictos en la presencia de otros. No se descarta la importancia de mantener márgenes de maniobra amplios, pero ellos se transforman en subgrupos que celosamente compiten por captar atención, mientras al mismo tiempo reclaman para sí ser garantes en un proceso dialéctico de acumulación de aprendizaje. A partir de esta valoración, parecen destacarse los elementos afectivos como marcadores de dos tipos de instancias en las cuales las constelaciones abiertas inician un pedido: a) las que surgen por procesos de creación, crisis de desarrollo singular y crisis de su proyecto (momentos en los que aparecen cuestiones de poder) y b) las que surgen cuando hay crisis de recursos.

La creación de un proyecto complejo innovador corporiza una aspiración largamente acariciada por un grupo que comparte convicciones y lleva implícitos ciertos sobrentendidos propios. En muchos casos, mediante el pedido buscan anticipar necesidades y planificarlas, y muestran una confianza ilimitada en los logros posibles. En esos casos, cualquiera sea su naturaleza, el pedido incluye la necesidad de que el consultor sea testigo de la productividad del grupo gestor y de todos los que se agregan. Por otra parte, ante la inmensidad de las tareas asumidas –la ausencia de límites es propia de tales constelaciones–, los temores, las ineficiencias, los entusiasmos son grandes y también la necesidad de hablar, de saberse avalados, ayudados, coordinados. De alguna manera, la figura del consultor es la de alguien que los refleja y a quien se respeta.

Sus demandas, por lo tanto, esconden el pedido de definir en compañía y divulgar en qué medida y de qué manera el proyecto es único y singular.

Las crisis aparecen cuando perciben el posible fin del proyecto; asimismo el fin de cada etapa es visualizado dramáticamente. Muchas instituciones de grupos minoritarios enfrentan este tipo de disyuntiva entre recanalizar un proyecto tradicional o ser fagocitados por otra instancia. Son asociaciones voluntarias que, de tener éxito y crecer, pierden la relación entre sus miembros; proyectos comunitarios que dejan de tener el aval al darse un cambio en la vida económica del lugar; instituciones de origen minoritario nacional o religioso que dejan de tener sentido al integrarse la segunda y la tercera generación en la vida del país. Se trata de casos que requieren la elaboración de

CONSTELACIONES CULTURALES

duelos porque son pocos los proyectos en los que se aúnan voluntad de sobrevida, reconceptualización y reconversión del proyecto. No es casual que muchos pedidos supongan una consulta para cerrar, y no extraña que sean los únicos en los que se valoriza la finalización de la experiencia.

Por otra parte, en muchos casos sus pedidos manifiestan la necesidad de integrar más armónicamente los recursos. Se aplican en forma ineficaz: basan sus expectativas en ideología y sentimientos. Estos procesos anticipan etapas de desarrollo y preparan su crecimiento sin idealizar lo pequeño. El uso de los recursos es una de las debilidades de tales constelaciones, y a menudo el pedido descubre falencias de administración: el proyecto innovador olvida poner en uso tecnologías simples, el voluntarismo de unos encubre la desidia de otros. Afincados en convicciones compartidas y en la importancia del afecto, muchos de estos pedidos –repetimos– develan un mal manejo administrativo y la dificultad de equilibrar los mecanismos participativos con la asunción de responsabilidades.

Por último, en estas constelaciones se presentan como tema de reflexión, pedidos que surgen de brechas entre el ritmo pretendido de crecimiento y el desarrollo real, sea porque los protagonistas tienen expectativas distintas de las de quienes dirigen, o porque ciertos subgrupos en particular intentan mantener un proyecto cuando la mayoría no lo cree aún posible.

Comentarios sobre demandas

Cada consultor ingresa según las normas de la constelación cultural específica. Lévi-Strauss sostiene que cada cultura dibuja su chamán: cada grupo requiriente actúa de forma distinta. Las vicisitudes de la relación entre consultor y subgrupo de proyecto pasan a menudo por la tranquilidad y permeabilidad con que unos y otros establecen la forma en que trabajarán con un marco ligeramente distinto del acostumbrado (que se transforma en el marco que se le atribuye al proyecto).

El objeto de las primeras reuniones es definir el apoyo eventual que tiene el proyecto de parte de los diversos involucrados. El consultor opera desde el relevamiento y responde con las armas de su pericia dando las primeras respuestas a la inquietud original. Lo que no sabe es hasta qué punto el equilibrio de las diversas subconstelaciones invita al desarrollo de un proyecto que pueda instituirse como hito renovador. Trabaja a partir de los equilibrios viables, de los que puedan imaginarse y anticiparse como deseables, y desde ellos "retropola"* a escenarios a los que es posible acceder con actividades movilizadoras y procesos de autoimposición de normas diferentes.

En la medida en que el operador responda dentro de lo posible en las primeras entrevistas, podrá gestarse un vínculo que marca apoyos y señala constricciones. Quizás lo primero que observan los de adentro es cómo se ubica el consultor en el universo de lo posible en relación con el proyecto en ciernes.

---

* Por oposición a extrapolar –inferir a partir de experiencias e informaciones del pasado– retropolar alude a inferir a partir de las características de un escenario potencial, que sirve de ancla a un proyecto innovador.

ESTABLECIMIENTO
Y VICISITUDES DEL VÍNCULO

Etapas en la negociación del vínculo

El vínculo entre consultor y cliente se establece en la medida en que los grupos internos comprueban que aquél expresa juicios coherentes con la ideología tolerada para su rol y muestra un buen nivel de idoneidad resolutiva en lo vincular y en la problemática específica.

Con esas limitaciones, la relación se desarrolla siguiendo etapas previsibles. Éstas se reconocen tanto en una sesión de trabajo como en el trascurso de un proyecto de más aliento, y se refieren a:

- la inserción del consultor,
- la reacción frente a sus primeras intervenciones,
- la toma de conciencia frente a las movilizaciones que produce,
- la aceptación de que esta toma de conciencia lleva a una reconceptualización del proyecto, y
- la necesidad de tomar decisiones para instituir las nuevas conceptualizaciones.

Frente a cada etapa, el consultor ve alterarse su vínculo con el proyecto: éste se afianza o se debilita al compartir la tarea. El ordenamiento de etapas descrito sirve a un propósito explicativo. Éstas no transcurren en forma secuencial ni discriminada, sino que en diferentes casos los integrantes de un grupo avanzan a paso diferente y sobre varias facetas de un mismo proyecto cuya complejidad natural exige que se desglosen e integren sucesivamente todos los componentes. Estos dos factores afectan la claridad con que se desarrolla cada etapa.

Es conveniente subrayar, sin embargo, que dicha secuencia se produce en forma reconocible, y que identificar el proceso puede ser un elemento de análisis provisto espontáneamente por quienes participan en reuniones en un proyecto. En consecuencia, el vínculo entre cliente y consultor no puede definirse categóricamente siguiendo un plan que oscila entre términos absolutos de un espectro, sino cuando se entienden dinámicamente los marcos operativos utilizados por quien oficia de consultor.

Inserción del consultor: Aceptación/Rechazo

Cuando comienza el trabajo rige un equilibrio entre dos sentimientos: la inquietud por iniciar un cuestionamiento y la resistencia a hacerlo. Por un lado, la necesidad de entrar lo más rápidamente en tema y, por otro, el temor al pensamiento que obligará a asumir una realidad en parte desconocida. A esa altura el vínculo no existe, salvo en la imaginación de cada uno, y las diversas técnicas recomendadas para la primera entrevista contribuyen a que se desenvuelva. El vínculo sólo existe en las expectativas. En función del nivel de crisis sentida, el grupo requiriente jugará esta problemática de resistencias y garantías frente a la pericia del consultor.

El consultor maximiza su posición de escucha, posición crítica y de tolerancia ante un relato que se dramatiza en la presentación. Su presencia es recibida dentro de un marco general de aceptación/rechazo: los participantes cierran y abren puertas. La identificación de estos filtros internos es el primer elemento que ofrece hipótesis de trabajo.

Reacción frente a las primeras intervenciones: Valorización/Desvalorización

Los miembros de la organización cliente están pendientes de las intervenciones del consultor. La actitud general de sus integrantes puede ser de escuchas atentos o de activos participantes, pero en uno u otro caso los participantes mantienen distancia: actúan como testigos. En la medida en que la naturaleza de la situación, las características predominantes de las constelaciones culturales vigentes y la pericia del consultor permitan rotar el papel del observador, se tenderá a movilizarlo en todos y permitir que las devoluciones del proceso puedan ser elaboradas por la totalidad de los asistentes, cada uno desde su heterodoxia.

Frente a una dicotomía probable de valorización/desvalorización de los aportes del consultor, el establecimiento del vínculo exige tomar recaudos para permitir a cada asistente un posicionamiento frente a la problemática interna, pero también al operador intruso, con una actitud que se ha renovado en esta instancia de reflexión grupal. Ulloa sostiene que todo diagnóstico es de los participantes: su saber es recogido por el que está afuera del proyecto y lo prestigia. Esta categorización del grupo interno, sobre la base de una evaluación que ya arrastre algo de consenso, debe ser la clave para la valorización y desvalorización de los datos recogidos.

Si se supera esta etapa se trabajará con un sujeto nuevo creado para el proyecto. El cliente del consultor, en ese sentido, no es ahora una persona, ni quien ocupa un cargo, sino un referente grupal que se recrea cada vez que se trabaja, y que puede tener varios cuerpos en tanto se forma por diversas personas cada vez, en la medida en que exista proyecto. De esta manera, aun trabajando en presencia de un solo interlocutor, el consultor trabaja para quienes encaminan el proyecto innovador, que han de ser muchos.

Toma de conciencia frente a las primeras movilizaciones: Acercamiento/Aislamiento parciales

Acercamiento/Aislamiento parciales son el resultado de las etapas anteriores. Se inicia el proceso vincular, en cada integrante en forma diversa, pero aunado por subgrupos frente al consultor. Se producen fusionamientos y refundiciones en torno del problema. La posición del consultor permite a cada uno colocar el problema frente al grupo y no mantenerlo confundido entre ellos. Mientras que las primeras reacciones corresponden a la emergencia de esquemas que son atribuidos al consultor –aparecen en tanto éste ordena el material que surge y provoca reflexión posterior centrada en la naturaleza de este ordenamiento–, se pasa ahora a vivirlo y a tomar conciencia de esa vivencia. Promovidos por unos y por otros surgen la comprensión y el compromiso, pero estas reacciones se insertan en una nueva etapa, conceptualmente distinta de la anterior, en la cual los que dirigen formalmente el proyecto descuentan que el consultor centró su atención en ciertos primeros objetos de estudio.

Se percibe que "de todo lo que dijimos, esto es lo que le interesa a él". Esa situación hace que algunos de los participantes apuren la reestructuración de las informaciones que estaban dispuestos a brindar, mientras otros se retraen y toman distancia. Siguiendo su propio proceso, los participantes elaborarán o reafirmarán las divisiones emergentes en la etapa anterior. No es inusual que el grupo muestre estas divisiones internas a través de pautas de aceptación o rechazo asumidas por portavoces de cada subgrupo.

Aceptación de reconceptualizaciones: Asimilación gradual/Expulsión

Cada una de estas etapas significa una posibilidad de aprendizaje. Al producirse, se inicia un proceso de conceptualización que reafirma o cuestiona esquemas y criterios vigentes en cada subgrupo, lo cual es percibido como motor de innovaciones y reestructuraciones. Parte del grupo, guardián de un estado de cosas actual, intentará anular, expulsar todo lo que se entiende como proceso alternativo.

Quienes instauraron la demanda tendrán, sin embargo, un conflicto. Oscilarán entre la necesidad de apoyar la reconceptualización (para resguardar el pedido original) y aceptar con cuestionamientos y reservas todo lo acumulado en el curso de las sucesivas reuniones. Entre estas dos posiciones hay numerosas alternativas. En esencia, se ponen en juego diferentes funciones que interesan por cuanto trasmiten una imagen de aprendizajes distintos. Esta etapa estará signada por una dicotomía entre la expulsión firme y la asimilación gradual de lo realizado hasta el momento.

Decisiones sobre institucionalización: Recaudos para la Acción/Difamación

Terminar una reunión ayuda a cerrar una etapa. Cerrar un proceso facilita la inclusión de cada etapa recorrida. Cuando el proceso queda trunco se realimentan la ambigüedad y la confusión. Parece innecesario señalar que en las primeras reuniones de trabajo, y con el objeto de facilitar el establecimiento de un vínculo, se hacen devoluciones operativas que ponen al descubierto el proceso de análisis seguido: proceso circular que no se cierra en sí mismo. Con este cierre, sin embargo, viene implícita la necesidad de enfrentar la posibilidad de instrumentar cambios en el proyecto cotidiano. Porque si acaso el proceso seguido parte del pedido y esclarece la demanda implícita, se plantearán las ventajas y la viabilidad de instaurar cambios y/o de continuar como si el esclarecimiento no se hubiese producido. Se movilizan recomendaciones para la acción, mientras simultáneamente se inicia un proyecto de difamación. Cerrar la etapa significa conocer estas alternativas y, en consecuencia, incluirlas en el proceso que se explicita.

Se trata de manejar opciones previsibles en función de una estrategia dinámica. Hacerlo implica trasformar el proceso inevitable/fatalista en previsible/instrumentable. Pichón Rivière habla de pasar de lo dicotómico a lo dialéctico. Tal pasaje se instrumenta en el trascurso de cada reunión de trabajo, pero debe poder percibirse con claridad en la etapa en la que se cierra la reflexión.

Comentarios

Cinco etapas describen una secuencia posible, pero ideal, resumida con intención pedagógica. Casi nunca se producen de esta forma, por más que el análisis de una reunión de trabajo permita reconocerlas. Su desarrollo está afectado, por ejemplo, por la introducción de la problemática de nuevos subgrupos; por datos críticos inesperados que producen recomposiciones internas; por la inclusión de límites distintos como parte de la estrategia de cada sector; vale decir, por instancias que obligan al grupo a remitirse a etapas anteriores para continuar adecuadamente su elucidación.

Distribución de poder a lo largo del proceso

Trabajar con proyectos organizacionales es trabajar con el poder. Y desatender la distribución del poder es limitar la veracidad del análisis. Por este motivo, en todo desarrollo de un vínculo entre cliente y consultor debe estudiarse el papel que juega el consultor en la redistribución de influencias, y de qué manera el modelo que propone es coherente con el ejercicio del poder en la constelación cultural predominante en ese proyecto. Analizaremos en particular dos situaciones: una referida a la naturaleza del poder ejercido con el consultor; otra, al proceso de contaminación mutua entre grupos institucionales y consultor.

El consultor influye sobre el proyecto a través de tres rasgos: los que van implícitos en su posición al serle encargada la tarea, los que surgen de su experiencia y formación y los que se remiten a su imagen como figura de identificación. No tiene poder de sanción, ni de gratificación inmediata.

Quienes actúan en el marco de la empresa suman potencialmente estas fuentes de autoridad. Lo que a juicio de los directivos desequilibra, sin embargo, la relación, es que el consultor actúa con autonomía y se convierte en par de cualquier interlocutor. Es cierto que ningún ocupante de un cargo técnico o jerárquico necesita preocuparse por la inserción o no del consultor. Para ellos, la organización existe antes y después de su actuación, y el consultor sólo es evaluado en función de su aporte a las tareas primarias de la organización, y no a las tareas de reflexión (esto es así porque se desconoce la importancia de sus contribuciones al proyecto). Pero es movilizador enfrentarse con consultores que participan en facetas críticas de proyectos internos sin estar sujetos a la tradición ni a las normas impuestas al común de los dependientes. Que el consultor se sujete a otras normas propias de su rol es algo apreciado sólo a medias y recién cuando comienza a entenderse de qué manera sus contribuciones anclan en esos diferentes supuestos.

Preocupa, además, que el consultor pueda exigir un marco distinto del de quienes actúan a diario. En esencia, más allá del temor a que el consultor viole los principios de confidencialidad, continencia, voluntariedad, etcétera, el temor al poder del consultor radica en una duda: ¿podrá desarrollar su rol sin infiltrar ideas o insertar marcos que disminuyan la autoridad del convocante? (Muchos temerán que use su influencia para alterar las prácticas habituales en la organización...)

Visto el equilibrio de constelaciones culturales, estos procesos se desarrollarán en forma distinta en cada caso. Sin embargo, los mecanismos cuidadosamente desarrollados por cada proyecto van desde (a) la exigencia de que el consultor sea miembro de tiempo completo de la organización convocante, o que se integre de a poco a grupos primarios –esto en el caso de constelaciones predominantemente cerradas–; a (b) el establecimiento de redes de consulta complejas y poco eficientes –en el caso de constelaciones articuladas–, a (c) la emergencia de un clima de fascinación e idealización de su papel –en constelaciones predominantemente abiertas–. En cada caso, por medio de sus intervenciones, el consultor se anticipa a estas alternativas y, a través de señalamientos, desmitifica y resguarda la entereza de la relación con cada uno de los participantes.

Al extenderse la relación, los grupos internos se acostumbran a la forma de trabajo del consultor. En algunos casos adoptan parte de sus prácticas en sus propias tareas, en otros casos van requiriendo intervenciones de mayor duración e importancia. Al mismo tiempo, pueden percibir que otros sectores en los cuales el consultor aún no participó comienzan a expresar resentimiento o crítica, emprendiendo aspectos del proyecto por su cuenta –en contradicción con principios establecidos– o planteando que observan tales principios a su manera. Acostumbrados a cierto estado de cosas, caracterizado por la necesidad de responder con rutinas culturalmente consentidas a los embates externos, tienen dificultad en aceptar que la innovación proviene de quienes proponen lecturas distintas.

"Sé cómo debe ser" es una frase propia de quienes resisten un ordenamiento distinto. La reacción ante el consultor sobrevendrá por el marco conceptual en que sustentan su autoridad. Un factor clave es la necesidad que tienen quienes actúan en la organización de seguir manteniendo el control, con la continuidad del estado de cosas tal cual es. Hay una situación de conflicto entre encuadres por cada forma de trabajo con valores distintos. En la medida, entonces, en que se entienda la violencia que significa el mero hecho de canalizar un proyecto según el nuevo encuadre, el consultor reconoce la dificultad del cliente y trata de asegurar que cada avance sea de aprendizaje en el diseño de encuadres.

El contacto con encuadres diferentes evoca el temor a una contaminación. Por hallarse la organización ante la necesidad de pedir ayuda, y el consultor resguardado, surge la fantasía de minar la naturaleza del proyecto empresario amplio. Conflicto, contaminación y compromiso son datos del vínculo. Son, además, etapas de una negociación. Antes de iniciar su colaboración, el consultor evalúa si tiene la idoneidad y experiencia necesarias para actuar como recurso útil para el proyecto que se esboza en las primeras entrevistas.

Vínculo conflictuado, certidumbre de contaminación y posibilidad de compromiso son condiciones acostumbradas en la dinámica de la relación. Ante cada nueva situación se exacerbarán estas pautas. En la medida en que los protagonistas entiendan su participación como centrada en desentrañar y dar camino a los avatares de un proyecto, es probable que el vínculo se refuerce y se sustente el proceso. Decimos que hay discernimiento cuando se contemplan ambas partes del juego y se puede resolver la dilemática.

ENTREVISTA
Y SERIE DE ENTREVISTAS

Aprendés de los mejores que te antecedieron
y después hacés lo tuyo.

HELEN FRANKENTHALER,
a propósito de su obra y la de Jackson Pollock

La dramaticidad del caso, el nivel de necesidad sentida y la dinámica de los juegos de las diversas subculturas definirán el proyecto posible. Senge recuerda que sólo se puede aprender cuando se hace una declaración de incompetencia. Ahora bien, participar en una tarea de relevamiento es ejercer la propia capacidad de diseño. Es aprender a aprender: recordando antecedentes, señalando lo que pasa, procesando información y encaminando la esperanza. Por ello uno hace, mide, interpreta, ajusta en función de equipos que aprenden a consensuar a medida que avanzan de a un paso por vez, respetando la estructura de la demora que impone el cliente. Se avanza en elipses que permiten el pasaje a una mayor abarcatividad.

Entrevista

La primera entrevista reúne al consultor con quienes piden el trabajo de reflexión. Quienes se desempeñan en la empresa desean comprobar hasta qué punto pueden recibir ayuda. Dependiendo de la cultura predominante, estarán presentes una o más personas, de uno o más niveles y

NATURALEZA DE LAS INTERVENCIONES

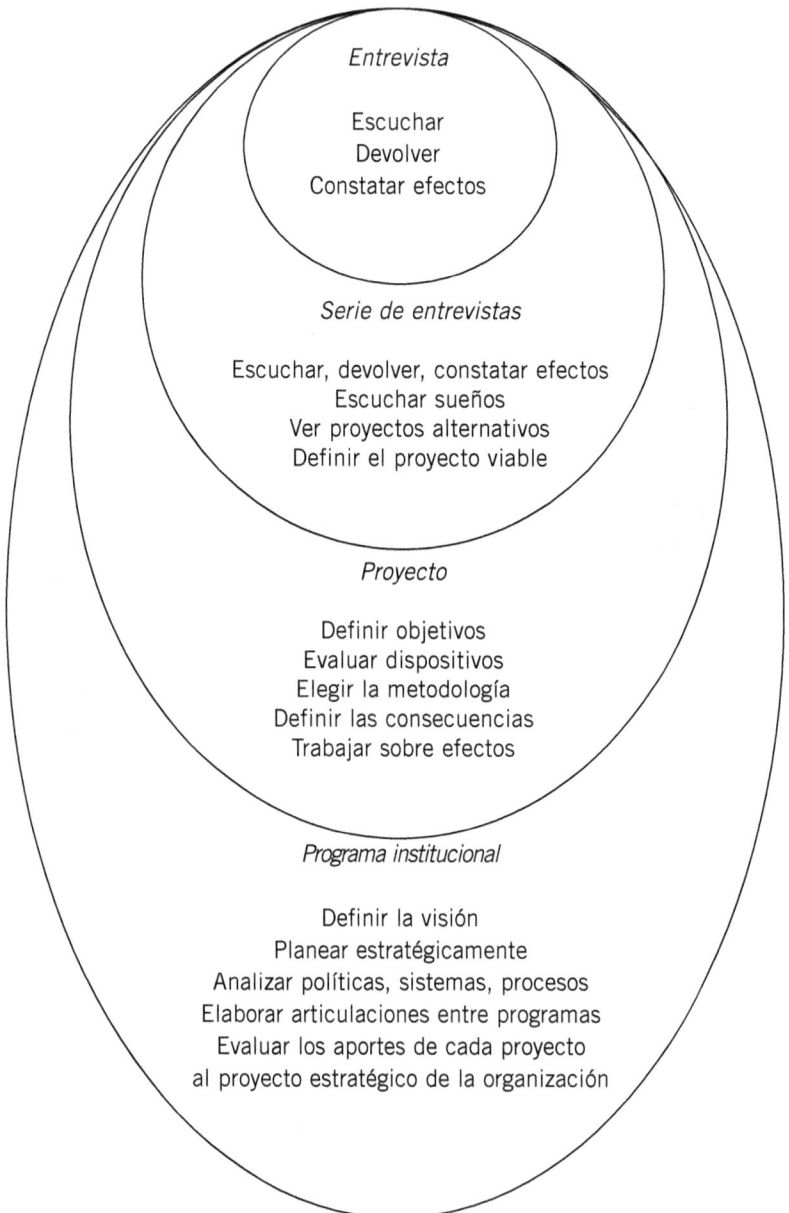

Entrevista

Escuchar
Devolver
Constatar efectos

Serie de entrevistas

Escuchar, devolver, constatar efectos
Escuchar sueños
Ver proyectos alternativos
Definir el proyecto viable

Proyecto

Definir objetivos
Evaluar dispositivos
Elegir la metodología
Definir las consecuencias
Trabajar sobre efectos

Programa institucional

Definir la visión
Planear estratégicamente
Analizar políticas, sistemas, procesos
Elaborar articulaciones entre programas
Evaluar los aportes de cada proyecto
al proyecto estratégico de la organización

sectores. Desean establecer cuán cómodos se sienten dándole información al consultor y ubicándolo ideológica, profesional y personalmente. Traen expectativas de respuesta inmediata, y usan la ocasión para presentar algún problema.

El consultor desea recoger información y brindar ayuda. Quiere poder entender qué desean, para comprobar si está en condiciones de responder a este tipo de demanda. Debe derivar o cerrar, y recoger datos e indicios sobre sus proyectos y conflictos. Desea entender qué se proponen y desarrollar sus primeras hipótesis de trabajo.

Si se hace un buen manejo de la entrevista, los demandantes obtienen respuestas a sus inquietudes, alguna aclaración y cierta tranquilidad. Todos estarán mejor informados sobre las reales posibilidades de colaboración. Salvo en casos de derivación o cierre inmediato, se dedicará un par de reuniones adicionales a un mayor conocimiento del caso para así mejorar el pronóstico.

Es importante conocer cómo se llega a la primera entrevista, en tanto la prehistoria de la relación condiciona el clima. La forma de acercamiento establece un marco.

La primera entrevista tiene un nivel de estructuración comparativamente mayor que las siguientes, ya que el consultor, además de atender los requerimientos del cliente, lo hace introduciendo elementos que comunican cómo opera. En la medida en que sea posible, incluirá a un segundo miembro del equipo, incorporando perspectivas múltiples, dando cuenta de la formación de un equipo y, al mismo tiempo, circunscribiendo su posibilidad de confabular. En aquellos casos en que el comitente establezca claramente el pedido a un consultor en particular, se analizará la conveniencia y pertinencia de la entrada de otros integrantes del equipo.

El que invita necesita continencia. Es la necesidad de quien convoca y será preciso escuchar e intentar respuestas que le permitan formarse su propia opinión sobre el tipo de colaboración que recibiría. Simultáneamente, el consultor desea precisar la naturaleza de la demanda y cuánta información puede recoger sobre los juegos de poder entre las diversas subculturas para entender los proyectos fantaseados y requeridos. Por lo tanto, más allá de preparar un listado de datos que permita elaborar un diagnóstico, la intención es conformar una impresión: un conjunto de significados sobre la base de antinomias significativas, características de los informantes, y a una primera detección de los sobrentendidos predominantes en esa organización.

A esta altura surgen una serie de aseveraciones, declaraciones, dificultades que se expresan para caracterizar la problemática. He aquí algunos ejemplos:

- "Mire, ésta es una sociedad de locos."
- "Usted se preguntará si ganamos mucha plata."
- "Perdóneme, usted es psicólogo... sociólogo... yo me los confundo..."
- "Para empezar le voy a mostrar nuestro organigrama..."
- "Yo a ustedes los necesito como el agua..."
- "Queríamos hacerles una consulta porque Gómez nos habló del trabajo que hicieron con ellos..."
- "¿Por qué no empezamos contándoles lo nuestro...? Ustedes sabrán cuándo hacernos una pregunta..."
- "Ya sé. Quieren que les digamos cómo empezó todo esto..."
- "¿A usted le parece que hablando podemos arreglar este berenjenal?"
- "Ante todo le voy a pedir que me diga qué haría usted en mi caso."
- "Mire, acá el problema viene de lejos y lo peor es que ya nos acostumbramos..."

Cada una de estas frases inaugura una relación. Todas muestran un pedido de ayuda. Algunas, más tarde, agregarán propuestas concretas.

- "Pensamos sacar gente."
- "Nosotros estudiamos el asunto y ninguna salida nos gusta."
- "Acá estamos acostumbrados a hacer las cosas bien, pero este tema se engancha con muchos otros..."
- "Seguramente en todas las empresas es igual..."

Estas expresiones serán retomadas y darán lugar a las primeras hipótesis de trabajo que estructura el propio cliente. La tarea es apoyar al que consulta intentando percibir cómo imagina el proyecto viable. El que pide quiere saber si el de afuera puede ayudarlo. Ni demandante ni consultor saben, por más que el primero lo imagine, si la entrevista llevará a una segunda, y el consultor debe asegurar que su aporte cierre esa consulta con el cliente atendido. El relevamiento parte de las hipótesis de trabajo que menciona el cliente y produce una serie de datos empíricos, sin valor estadístico.

Para ello, es necesario escuchar, circunscribir, devolver. Controlarse, limitarse, hablar poco. El consultor responde en función de sus primeras conjeturas: en cada situación podrá reforzar el poder de ciertas iniciativas, marcando con preguntas un mensaje que dé una primera respuesta a la inquietud de quienes preguntan. Se podrá abrir así una segunda instancia más cómoda, que inaugure un vínculo más extendido.

La primera entrevista satisface al que consulta y centra al consultor en los temas a encarar. Él recoge información para imaginar líneas posibles de abordaje, brechas sobre las cuales operar, necesidades y prioridades. Son el fruto de conversaciones. A medida que se avanza, se pone en evidencia el aporte del encuadre que instituye el consultor sobre el uso del tiempo, la presencia y ausencia de terceros, las entrevistas a dedicar antes de decidir cómo se sigue.

Se aconseja derivar o cerrar un proyecto al término de una reunión por *falta de idoneidad* –cuando las circunstancias recomiendan incorporar especialistas de otro campo, o porque no se cuenta con la experiencia requerida para el caso–; por *falta de distancia* –cuando el consultor está involucrado con personas claves de la organización que piden la consulta–; o por *criterios ideológicos* –cuando el consultor considera que por sustentar fuertemente los objetivos de la organización, o por oponerse fuertemente a ellos, quedaría comprometido personalmente en parte de los análisis propios del proyecto y actuaría sin la disociación necesaria–.

Hay proyectos que tienen posibilidades de desarrollarse, pero se cierran porque los convocantes centran la atención en sí mismos y se hace imposible incluir a terceros (sin los cuales el análisis carece de interés organizacional). También hay proyectos que, a pesar de tener aval de algún sector o nivel, carecen del apoyo político sin el cual se desvirtuarían los avances realizados en la reflexión.* Se constata que el problema existe, que se cuenta con los recursos para encararlo, pero falta el apoyo para pasar del relevamiento a la puesta en marcha.

Preparación del consultor

Finalizada la primera entrevista el cliente tiene información, se siente gratificado por los aportes del consultor, imagina contribuciones importantes a partir de su participación

---

* Un cliente dijo: "Hicimos un proyecto de transformación espectacular, pero si se entera mi jefe me raja".

y está motivado para volcarse a un trabajo que permite reunir reflexión y acción. A su vez, y desde ese momento, el consultor operará a partir de hipótesis más ricas. Ancla su colaboración en torno de los elementos organizacionales por los cuales fue llamado, y a los que luego se deriven.

El consultor cuenta con dos tipos de recursos para su preparación: elementos de reflexión interna, y de consulta externa. Podrá analizar los niveles general y particular a la luz de lo que se comienza a percibir del proyecto, y recogerá información sistemáticamente sobre ese tipo de proyecto. Cuando hay más de un consultor, la reflexión es activa; cuando el consultor trabaja solo, puede intercambiar ideas con otros colegas que ofician de control.

La reflexión fertiliza el proceso de los consultores, que ante el cliente mantienen un rol prescindente. En la medida en que el consultor cuente con este apoyo, se incrementa la probabilidad de que dedique su tiempo con el cliente a la tarea requerida, sabiendo que la reflexión y el análisis de lo que ocurre tendrán su propio espacio de recuperación y aprovechamiento personal fuera de la organización. En organizaciones profesionales existe la posibilidad de introducir ateneos de reflexión con otras personas del propio estudio.

De hecho, el equipo consultor utiliza las primeras reuniones de reflexión para moderar sus expectativas, establecer líneas de indagación, explicitar los temas que más interesan.

Surgen entonces líneas de acción posibles, diseños que habrá que evaluar, basados en experiencias de su propio pasado o en expectativas de aprendizaje que espera canalizar en este proyecto. Se pregunta en qué medida sus primeras aproximaciones

- tienen validez porque agregan información útil;
- son confiables, vale decir que los mismos resultados podrían haber sido recogidos por otro consultor;

- son económicos, se limitan a pocos conceptos, se explican en sí mismos, integran varios elementos, permiten acceso a la singularidad de la cultura y se hicieron en tiempo razonable;
- son operativos, porque recogen, ordenan, resumen lo hecho por otros y agregan aún más.

Serie de entrevistas

Es previsible que los comitentes deseen agregar más información y encarar un proyecto. De acuerdo con la naturaleza de la cultura predominante, presentan variantes y se ponen a prueba hipótesis que elaboran, plantean preguntas y respuestas, completan la información del consultor. El consultor, a su vez, reflexiona sobre la forma en que se podría encarar el proyecto y necesita precisión para preparar un diseño de intervención. Sobre estos carriles se desarrollan las siguientes entrevistas, que incluyen a otros grupos y personas, porque una serie de entrevistas crea el espacio y muestra la legitimidad de dedicar tiempo a la planificación para el diseño. De este modo, implican un abordaje más general que el que denota por sí sola una intervención puntual.

Es previsible que cada reunión sea menos estructurada que las anteriores. Los integrantes de la organización ven que va conformándose un vínculo con el consultor. Seleccionan sus temas en función de las respuestas o de las prioridades que, conjeturan, el consultor asigna a los diversos temas, y se reconoce una dinámica interpersonal diferente de la de las primeras entrevistas.

Además, en la medida en que se incluyan otros integrantes se enriquece la dinámica: cada uno reclama su propia atención y presenta una ampliación de los pedidos. La forma en que actúa el grupo es, a su vez, objeto de indagaciones y devoluciones. Por extensión, la integración del equipo que haga el diagnóstico* ya es herramienta de pronóstico.

De esta forma el equipo cliente canaliza una actividad de relevamiento *operativo:* reúne información, pide comentarios útiles para establecer la brecha entre la situación actual y la deseada y mide la dificultad relativa del proceso de transición. A esa altura priman dos demandas opuestas: la necesidad de centrarse en la resolución de las disfunciones para pasar de inmediato a la acción, y el requerimiento de efectuar un trabajo previo que garantice la acción concertada. En cada caso, se podrá identificar la actividad que mejor corresponde introducir para aprovechar fortalezas de las subculturas existentes, mientras se incorpora una experiencia innovadora que muestre nuevos caminos útiles para el esclarecimiento.

Para que la consultoría sea eficaz, las culturas cerradas requieren una actividad intensa de reflexión: en ellas los temas que se evitan pesan más que los que sí se traen (se habla de identidad negativa). Para que el ofrecimiento de colaborar sea creíble, para que se acepte la invitación, debe madurar la naturaleza del vínculo entre quienes actúan en esa cultura. Salir de la indiferenciación, de lo repetitivo, exige buscar lo singular, lo personal, y anclarlo en lo grupal. Cuanto más autocrática la conducción, más especulativa la actitud, más atomizados los individuos, más incierto el futuro, menos profesionales los cuadros, mayor la necesidad de encarar una etapa de aproximaciones pacientes –que a veces incluye la impertinencia cordial–. Esto, salvo en una crisis mayor, es difícil de lograr; sería prudente incluir una intervención puntual con productos claros, porque alivia.

---

* Sobre el uso del término "diagnóstico" en el trabajo con organizaciones ver Muchinik y otros (1980), *Ensayos sobre psicología institucional,* en especial el trabajo de Aldo Schlemenson.

Viene al estudio el gerente de una empresa importante, acompañado por un alto directivo, un hecho totalmente inusual en los cuadros jerárquicos de esa empresa. Desea contratarnos para organizar un seminario de Preparación para el Cambio dirigido a veinte profesionales que constituyen el nivel medio de su fábrica. La planta es de proceso continuo, la modalidad tecnocrática y las políticas y procedimientos no dejan lugar alguno al criterio individual.

Se hace el curso, el grupo participa con entusiasmo, se elaboran planes y se explicitan los cambios de organigrama que se instaurarán para dar credibilidad al proyecto. Puesto que la planta se encuentra en una ciudad del interior, en los días del seminario consultor y ejecutivo viajan juntos en avión. En el trayecto este último hace preguntas, y en el curso participa activamente. Pasadas varias semanas, el proyecto anunciado no llega a implementarse por resistencias abiertas, y la dirección de la planta sigue operando con la soberbia que la caracterizaba.

Dos años más tarde, la Dirección Comercial nos contrata para hacer un relevamiento de sus políticas y prácticas, con el propósito de reflexionar sobre las implicancias que tienen en su cadena de distribución, y especialmente sobre las consecuencias en el desempeño. Puesto que las prácticas del sector comercial se sustentan en operaciones productivas y en el soporte administrativo y financiero, el relevamiento y la reflexión resultantes dan una visión amplia y consistente de la cultura predominante, similar a la vigente en planta: todos saben lo que deberían hacer, la mayoría cumple ritualmente con lo requerido, y nadie aplica el sentido común. Como se trata de una firma con una sólida penetración en el mercado, los costes de estas ineficiencias pasan inadvertidos y no hay forma de dar cuenta de la marcada desmotivación.

Pasan dos años más. El gerente que había convocado en primera instancia es promovido a un cargo directivo, y desde este cargo invita a hacer una jornada de capacitación sobre Procesos de Cambio en la fábrica. Propone dedicar dos horas a sensibilizar al personal sobre los cambios. Dos integrantes del equipo consultor acuden a escuchar la invitación, basada en un proyecto industrial que, para implementarse, exige modificaciones sustanciales. De la descripción surge que estas modificaciones requieren incluir el aprendizaje de las fallidas e incompletas intervenciones anteriores. Los consultores recuerdan las dos instancias anteriores y señalan el absurdo de programar dos horas de trabajo para *sensibilizar.* El cliente sostiene que "sólo tenemos dos horas". Le decimos que aceptamos hacer el trabajo con la condición de no percibir honorario.

El directivo rescata esta condición, la comenta y abriendo otra instancia en la relación –pide reserva a las otras personas de la empresa presentes en el intercambio–, explica que tiene información que no desea compartir en ese momento, pero coincide con la visión de los consultores y se acuerda una reunión cuando el gerente pueda comunicar la información que, más tarde, provoque cambios en la estructura interna de la fábrica. Tres meses después se inicia un proyecto abarcativo de consultoría que aprovecha las intervenciones anteriores salteadas.

En culturas articuladas existe experiencia profesional, posibilidad de controlar distintos factores, diversificación de las tareas. Se facilita el desarrollo de actividades puntuales para encarar diversos problemas simultáneamente. Surge la conveniencia de presentar propuestas de análisis de procedimientos, capacitación de varios sectores, etcétera. Tampoco es raro encontrar que éstas se postergan, y que quienes asistieron a las primeras reuniones reclamen nuevas entrevistas. Pero lo normal es recibir demandas bien explicitadas. De las entrevistas formales se pasa a acordar un proyecto y hacerlo.

En culturas abiertas se realizan relevamientos desde los primeros encuentros. Hay pensamiento, proyecto, producción, transmisión. Se identifican los dilemas –"sé que no lo puedo resolver y debo aprender a convivir"–. Como testigo cuya mirada alimenta la propia indagación, señalando lo que provoca una pregunta propia, se trae a alguien de afuera. Y la intervención es válida en tanto aporta lo insólito. La modestia está aceptada. Es un trabajo dinámico porque da lugar a los cambios, prueba intuiciones, deja lugar a la puesta a prueba de convicciones, y tarda más pero refleja mejor la realidad. Se sabe que vale la pena dedicar tiempo a lo importante. De reunión a reunión se advierte la posibilidad de introducir cambios a través de la gente misma. Todas cubren bien las etapas previsibles de identificación del problema por el cual se convoca, y de descubrimiento de posibles causas con la búsqueda de las relaciones pasadas y potenciales que develen los motivos por los cuales surgen los síntomas. También se incluyen elementos de pronóstico: se considera qué pasaría si la gente hiciera lo que se sugiere.

PROYECTO Y PROGRAMA

Reuniones de reflexión

El proyecto avanza en reconocimiento y se obtienen avales que se expresan con mayor transparencia en el trabajo diario: los corresponsables asumen roles antes desatendidos; reservan un espacio a sus encuentros; las normas se crean a cara descubierta y se vela por ellas; se reconstruyen la identidad, las destrezas, los campos del conocimiento, se empiezan a utilizar otros términos. Hay asombro, se plantea un "antes" y un "después".

Sobreviene el pasaje de lo que había sido una invitación personal de un individuo, o de un grupo, a la convalidación en otros espacios. Esto genera un vínculo a nivel de equipo de contrapartes, y se refrenda un contrato cuando la relación lo requiere –acuerdos verbales, las más de las veces–. Cada caso es distinto, pero el proyecto existe porque los integrantes de la conducción le dan cabida. No sólo ocupa un lugar. Representa una posición.

A esta altura de los acontecimientos, corresponsables y consultor tienen un conocimiento preciso de la cultura. Conocen las microinstituciones que se consolidaron en el tiempo, cada una de las cuales marca cómo se complementan los sectores. Circula la información. Se introduce la creatividad. Se concierta. Se distiende. Asistieron a reuniones, recorrieron diferentes ámbitos, reconocieron costumbres, y conjeturan cómo las subculturas articulan sus proyectos en el espacio organizacional. Están en condiciones de estructurar un diseño que permita acompañar a los diversos equipos en tareas de reflexión y coordinación de actividades. Sobre tales apreciaciones diseñan un esquema de trabajo precisando el nivel de formalización conveniente, el desarrollo de un programa y las estrategias que permitan hacer emerger y atender las temáticas específicas en un esquema integral de trabajo. Con esos equipos se realizan actividades abiertas de reflexión; son actividades puntuales de integración de equipo, de formación y de elaboración diagnóstica y estratégica.

Actividades abiertas de reflexión

Cuando se inicia un proyecto, los equipos clave de la organización necesitan pensar en voz alta. Así explicitan sobrentendidos; consensúan los puntos de acuerdo y de disenso, elaboran esquemas operativos para la conducción del proyecto, identifican indicadores de éxito y fracaso. Establecen, en fin, mecanismos de reaseguro y seguimiento del proyecto.

La dificultad está en lograr que un grupo representativo acepte reunirse con el propósito formal de atender estos requerimientos. En principio, porque legitima la existencia de un equipo y alude a una reestructuración del poder (crear un espacio en el que se invita a pensar/hacer a terceros en torno de un proyecto amplio compartido provoca suspicacias).

Un grupo de accionistas tiene dudas sobre las ventajas de dar continuidad a una actividad industrial, y convencidos de que la rentabilidad del negocio puede caer dentro de dos años, nombra gerente general a un funcionario joven, a quien desea dar una oportunidad de formación. Este analiza las cifras del negocio, hace un ejercicio de planeamiento estratégico y advierte la necesidad de investigar nuevas oportunidades y de aumentar la productividad. En el marco de la segunda alternativa se propone replantear la relación con el sindicato y convoca a un Taller de Negociación, con participación de jefes y representantes obreros. Sobre la base de acuerdos derivados de la tarea conjunta, se organizan reuniones de trabajo en las que participan, en función del tema, gerentes, jefes, especialistas, sindicalistas, operarios, empleados, proveedores, clientes. A medida que se tratan temas y se altera la forma clásica a la que están acostumbrados, crece la confianza de los interlocutores.

Acordada la realización de reuniones de trabajo en torno de la temática del proyecto, con la participación de grupos representativos, la duración de la actividad depende de la prioridad del caso, de la credibilidad generada y de los intereses compartidos. Cuando es exitosa, esta primera actividad adquiere valor fundacional: quienes asisten la evocarán, dándole un nombre que los une a ese pasado épico. Por este motivo, aspectos aparentemente secundarios –como el lugar donde reunirse, los días en que se hará la tarea, el nivel de intimidad que podrán tener– se cuidarán tanto por su impacto inmediato como porque se está construyendo una escena dramática.

La pregunta sobre quiénes asistirán depende de los que asuman corresponsabilidad por el proyecto. Se invita a un número importante de personas, remedando las dependencias formales pero abriendo la participación a terceros involucrados. Siendo la instancia fundacional, en la historia del proyecto queda como Comité de Notables más que como Equipo de Corresponsables.

La ocasión de participar abre la estructura y lleva implícitos atributos de privilegio y prestigio: se invita a pensar en un marco amplio, transparentando un pedido de colaboración. El consultor se encuentra con ansiedades, expectativas y temores, y con el orgullo de quienes participan en una tarea que puede llegar a ser importante, y que si es consensuada dará mayor autoridad a sus análisis, porque la reflexión identificará los elementos que obstaculizan el proyecto y cierra con la convicción de haber completado una etapa. Quedan documentos y protocolos: serán papeles de trabajo que servirán como recordatorio de las inquietudes originales.

Proyectos de Integración de Equipo

En otros casos –demanda característica de culturas articuladas– se elige dedicar la primera actividad para establecer mejores vínculos entre los miembros del equipo. Se sobrentiende que la fragmentación es parte del modelo de organización, pero se supone que los esfuerzos individuales se potencian en la medida en que las personas se conozcan y puedan acordar. La intención es establecer mecanismos de colaboración y prevenir conflictos desarrollando una tarea en equipo. Son experiencias de participación que incluyen trabajo en torno de ciertos contenidos –qué es un grupo; cuál es la relación entre cohesión y eficacia, etcétera–, ejercicios de aplicación y actividades en las cuales los participantes trasladan estas ideas y experiencias a su realidad inmediata.

Este tipo de actividades remite a la responsabilidad operativa de los participantes y centra la atención en la posibilidad de introducir modificaciones a partir de una forma distinta de concebir los objetivos sectoriales y de desarrollar responsabilidad por el trabajo de otros integrantes del equipo. La actividad moviliza, y para tener algún efecto debe ser seguida de una aplicación (de otra manera pierde su valor y frustra a los participantes).

Proyectos de formación

Incorporar formación agrega conocimiento y posibilidad de desarrollo. Y fortalece la autoestima. Cuando los aspectos centrales del proyecto involucran tecnologías y sistemas innovadores, se usa esta temática como elemento de sensibilización para grupos amplios, y se parte de ella para estructurar una primera actividad con un equipo.

Al retirarse el director de Recursos Humanos de la empresa en la que había actuado, invita a los consultores a realizar una encuesta. A la entrevista asisten sus colegas, uno de los cuales asumiría su cargo. El director se lamenta de que no hubiéramos trabajado juntos, y describe a su organización como conservadora, con una conducción autoritaria. Se analiza el proyecto en una reunión extensa. Escuchamos sus razones y, con la anuencia de todos, acordamos que no parecen estar dadas las condiciones para hacer un relevamiento como el que propone. El director se retira de la empresa recomendando a su sucesor que nos tenga en cuenta.

Al año siguiente, su reemplazante nos invita a ofrecer un taller sobre temas de conducción por primera vez en la historia de la compañía. Se invita a unas quince personas de tres niveles jerárquicos, lo que ya nos advierte sobre la intencionalidad integradora del programa. Nos reunimos a la hora señalada en un salón amplio, contiguo al lugar en donde se comenzaría a dictar un curso técnico a personal operario. Por una de esas cuestiones maravillosas del orden del caos, una persona que debía asistir al curso técnico es incorporada naturalmente a nuestro grupo. Durante tres días, las dieciséis personas –gerentes, jefes, supervisores, inclusive un operario– participan de un taller experiencial en el que se discuten criterios y herramientas de conducción. Con el tiempo, esas jornadas se transformarían en el hito fundacional de proyectos organizacionales motorizados por ellos. Así nos enteramos de que varios participantes habían sido enviados por los directores con el explícito propósito de poner en evidencia la existencia de otras costumbres en el seno de una organización predominantemente "conservadora y autoritaria".

Proyectos de Pensamiento Estratégico

Son actividades estructuradas, en las que en pocos días se define la misión estratégica de la organización, sus valores, los elementos constitutivos de sus Competencias Cruciales, se analizan la estructura de la competencia, los riesgos y oportunidades y la viabilidad de diversos proyectos.

Secuencialmente, los participantes toman contacto con facetas no limitadas a su actividad específica, efectúan diagnósticos de situación, acuden a información sistematizada y elaboran planes de acción que abarcan a toda la empresa o a una división en particular. La actividad familiariza al equipo con la naturaleza de los procesos que viabilizan el proyecto: incorpora experiencias de trabajo conjunto; releva diagnósticos conjuntos.

Surge así la posibilidad de entender al equipo integrado como corresponsable en un proyecto que tiene en cuenta las tareas primarias de la organización y las vincula, otorgando así un espacio nuevo a la reflexión y renovación. Se puede entender cómo se relacionan diversas acciones y cómo el diseño de la organización requerida depende de factores técnicos, administrativos, humanos y sociales, algunos de los cuales se postergan. Pero esta conceptualización −el equipo pone de manifiesto su teoría en uso, la manera en que está dirigiendo− les permitirá imaginar, anticipar, retropolar una imagen mejor y distinta del proyecto que los convoca.

Proyecto amplio de consulta

Introducir un programa amplio de consulta –por ejemplo, a través de una encuesta– tiene un impacto importante, ya que anuncia la intención de conocer las opiniones y el pensamiento de cada persona y de cada sector. La recolección se lleva a cabo con la activa participación de los encuestados en el diseño, la recolección, el análisis, la discusión de resultados y la devolución a todos los participantes.

De esta manera se genera una expectativa de apertura, y se compromete al equipo de Dirección a asumir actividades de mejoramiento en función de lo que expresen los diversos sectores. La elección de esta alternativa depende de la intención con la que se encara el proyecto. Si se entiende que el programa desea incrementar la participación amplia, el recurso ofrece los siguientes beneficios:

- compromete a la Dirección con un proceso de mejoramiento organizacional;
- denota una política transparente y abarcativa de comunicaciones;
- permite constatar las necesidades de diversos sectores y atacar los puntos débiles por orden de prioridad;
- facilita el desarrollo de un mayor compromiso en toda la organización;
- genera mejores actitudes en sectores postergados, y los refuerza en aquellos que tienen un adecuado nivel de pertenencia.

La etapa crítica en toda recolección de información es el proceso de realimentación que se hace, en forma metódica y con todos los sectores participantes, una vez finalizado el procesamiento estadístico: de haberse garantizado normas de anonimato, confidencialidad y voluntariedad, en las reuniones de análisis posteriores los resultados se cargan doblemente de sentido, en parte gracias al mayor acopio de información aclaratoria que se logra por la credibilidad creada por el proceso en sí y, en segundo término, por la contextualización que los participantes hacen del proceso de recolección y debate entendido como dispositivo recirculador de veracidad.

Estructurar un plan de trabajo institucional

Estructurar un programa integral permite definir las acciones que se van a desarrollar en el curso de cierto período; definir cómo se apoyarán los diversos programas entre sí; indicar cómo se evaluarán los logros.

Estos planes incluyen tres tipos de programas:

- *fundacionales* que, dirigidos desde la Dirección, marcan rumbos estratégicos y políticos. Normalmente son pocos, deben ser abarcativos y deben apelar a crear legitimidad y credibilidad;
- *sectoriales e intersectoriales* que, a cargo de personal de nivel intermedio, definen operatorias tecnológicas y administrativas para la resolución de áreas de problemas, reúnen colegas en Comités de Trabajo, apelan a la racionalidad y a la innovación, se extienden a todos los sectores que puedan aprovechar sus beneficios y se cierran al cumplir su cometido;
- *actividades centradas en las personas* y en función de necesidades de formación: son accesibles a todos y tenidas en cuenta para el desarrollo de cada persona.

Con la instalación de un programa de esta naturaleza, lo organizacional es campo amplio de aprendizaje.

Síntesis

Las consideraciones previas describen de manera simple lo que casi nunca se produce de esta forma. La realidad es más compleja, los programas llevan más tiempo o se aceleran, los diseños se hacen y se modifican en la práctica porque se muestra la conveniencia de seguir a la gente y no al metodólogo. Más aún, en los proyectos más efectivos, donde más idas y vueltas hay, la creatividad se despliega a medida que se anuda el proyecto.

Es fundamental lograr el aval de diversos y crecientes grupos que operan reconociendo sus fortalezas, identificando sus metas y estableciendo programas para cumplirlas.

Un proyecto no es jamás una sucesión de actividades puntuales: junto a los ladrillos y vigas que en el edificio representan estas acciones, la argamasa es el trabajo grupal en intercambios formales y espontáneos de reflexión y de trabajo, en los cuales se advierte la realidad de cada grupo que negocia silenciosamente nuevos umbrales para la aceptación de modificaciones, y que anticipa características de la organización requerida para instaurar actitudes y comportamientos que las hagan posibles.

Quien impone una secuencia pierde lo idiosincrásico. Para ayudar a que un equipo de corresponsables haga su proceso de esclarecimiento, consolidación y cambio, los aportes son más erráticos. Pettigrew lo llama *arreglárselas como se pueda*.

147

RECAUDOS
PARA EL RELEVAMIENTO

Juegan al fútbol parados.
Y mientras tanto toman cerveza.
El partido se termina cuando alguno
patea la pelota lejos y ya nadie la va a buscar.

TESTIMONIO DE UN OBSERVADOR

En el ejemplo del epígrafe juegan al fútbol, pero ¿son un club *de* fútbol? ¿O son un club *con* fútbol? ¿Quizá sean un grupo de gente que trabaja junta en una cervecería y se divierte jugando? ¿Serán acaso un grupo de amigos a quienes les gusta la cerveza? Si supiéramos mucho de clubes, ¿nuestro abordaje sería igual al de un consultor que no tiene esa experiencia? Y si nuestro cliente fuera el gerente general de la empresa que subsidia al club, ¿cómo nos acercaríamos al motivo de su consulta?*

El consultor pondrá énfasis en el relevamiento porque se compromete a elaborar un abordaje diferencial, que tenga en cuenta las particularidades del proyecto. Para eso, en cada etapa, actuará de manera distinta, flexible. Su tarea lo satisface cuando ambos –consultor y cliente– están en proceso de aprendizaje –recolección, desgranaje, evaluación y clasificación de datos relevantes para llegar a una descripción del problema que provoque la toma de

---

* Por el placer de la colaboración de Juan Carlos Tedesco en la investigación en el Club Villa Dálmine, de Campana.

conciencia y el camino a seguir–. Ambos hacen su contribución en el marco de su responsabilidad.

Ahora bien, el consultor trabaja en lo que se puede, como puede. Pocas veces trabaja como se debe. Sin embargo, la intención es acercarse a eso que los de adentro llaman *realidad*. Por lo tanto, intenta circunscribir el encuadre al que está acostumbrado el cliente, y también el proceso característico de su forma de actuar.

El relevamiento es el proceso de descubrir consistencias y pautas que llevan a una síntesis acotada del problema, a sus causas y a las características relevantes para el proyecto de ese cliente, y a las connotaciones que eso tendría en el futuro. Es un proceso inferencial porque sopesa, integra y sintetiza todos los datos en un juicio –aunque ningún dato es definitivo, todos son provisionales y se modifican y rechazan en el momento de la puesta en marcha.

Los supuestos aceptados

> Si no podés mirar un cartel sin leerlo
> y tu hijito sí puede,
> mirá el cielo en el hemisferio norte.
> Vas a descubrir cosas.
>
> Un consultor que viaja

Quienes actúan en una organización saben que su forma actual es singular, y que para conducirla con eficacia es necesario entender y administrar complejas imbricaciones internas. Esa comprensión de la complejidad la adquiere cada uno con el tiempo: es el aprendizaje en la propia cultura, lo que se llama *adquirir el derecho de piso*.

A pesar de ello, cuando un integrante de la organización acude a un consultor lo ubica en el rol de experto externo, define el *problema* y requiere una *solución*, que es concebida como una actividad puntual centrada en un aspecto concreto. *Quiere un diagnóstico*, pretende localizar el objeto de estudio en un espectro. Casi sin intención, el pedido se circunscribe a un campo parcial, descontando que, "en tanto todas las organizaciones responden a patrones idénticos", la posibilidad de una solución eficiente y previsible surgirá a través de la pericia del experto en la identificación del área problema. Pide un "cómo resolver ese tipo de disfunción para este tipo de organizaciones".

Esta conducta refleja una concepción de lo organizacional que revela la preponderancia del modelo burocrático y reafirma una evidencia científica: en tanto uno trabaja con pocas variables está más seguro –si uno se atiene siempre a sus propios prejuicios logra ser creíble y eficiente–.* El cliente reconoce, sin embargo, que existirán elementos concretos que se le escapan –y que no deben serles extraños al consultor, porque conoce el campo más amplio– pero ha sucumbido a incorporar innovaciones porque la costumbre no las tolera. Y esconde el temor a indagar aspectos que preferentemente no han de ser alterados (una prevención ante la posibilidad de quebrar conjuras del tipo "no me toques, no te molesto").

El cliente teme que el proyecto de relevamiento lleve ineluctablemente a cierto cambio –impuesto– y más aún, a que se haga de manera irregular, incluso perversa por oposición a la idea que se tiene de lo virtuoso en su cultura. En

---

* La naturaleza de lo organizacional rechaza caracterizaciones simples. Schön (1984) recuerda que el Modelo de Racionalidad Técnica parte de dicotomías que, lejos de colaborar con el abordaje de un proyecto, se constituyen en obstáculo. Es interesante marcar que investigaciones citadas en *Administrative Science Quarterly* que estudian el poder explicativo de los proyectos de investigación de Etzioni (1968, 1971) y de Pugh y colaboradores (1969) concluyen que tales modelos probabilísticos no tienen valor predictivo alguno.

su organización se sabe que "de acá será difícil salir virtuo-samente".

Por otra parte, la mayoría de quienes actúan en empre-sas ingresan aceptando tanto la teoría como las prevencio-nes que surgen de la noción de burocracia, según la cual los dirigentes se proponen alcanzar fines específicos coordi-nando actividades autocontenidas e independientes. De he-cho, el trabajo de un asesor impositivo o el de un experto en mantenimiento preventivo se sostiene en esa concepción.

Frente al primer paradigma, que presenta a cada sec-tor como estanco y determinado administrativamente, el proyecto organizacional se entiende en permanente inter-cambio con el afuera, y entre funciones. Es un sistema abierto, no una agregación de factores –tarea, estructura, recursos, normas, dotación, tecnologías– sino una totali-dad integradora. Y serán alianzas las que establezcan las conciliaciones necesarias para el cumplimiento de sus pro-pósitos. Así se llega a un reconocimiento de la singulari-dad del objeto del análisis.

Niveles de abordaje

La singularidad de la organización viene dada por elemen-tos formales e informales. Es la suma de una fundación y de refundaciones a cargo de quienes instauran oportuni-dades para cambiar o bien aprovechan circunstancias ex-ternas para lograr replanteos críticos. Este es el proceso necesario para entender la forma que adquiere la organi-zación y las normas que se utilizan.

Si aceptamos estas premisas, propondremos que acer-carse a una organización exige tener en cuenta tres niveles de abordaje:

- el *nivel general,* que discrimina a una organización de una familia o de una comunidad;

- el *nivel particular*, que diferencia tipos de organizaciones y distingue entre escuela y empresas, entre organización industrial y comercial, o entre sociedad anónima y sociedad de responsabilidad limitada (y también cómo estas figuras se modifican con el tiempo);
- el *nivel singular*, que incluye la historia del proyecto específico –sus conflictos y logros recientes, las características de sus hombres clave, etcétera– y así reconoce los matices únicos de ese proyecto.

El consultor no es experto en industrias extractivas ni en almacenes de ramos generales; no sabe organizar una escuela ni sugerir modificaciones en un servicio de Pediatría, pero cuenta con recaudos para caracterizar y contribuir en sus análisis.

Partir del nivel general ayuda al consultor a definir claramente qué tipo de organización tiene el proyecto, o bien cuánto tiene de los procesos propios de una familia, por ejemplo, o de una sociedad de beneficencia. Considerar lo particular diferencia aspectos propios de cada figura que pueden pasarse por alto. Son recaudos que adquieren relieve cuando se contempla una organización distinta a aquellas con las que uno trabajó anteriormente: se ofrecen como salvaguarda para evitar que se extiendan a un proyecto características que corresponderían a otros que quizás impactaron al consultor y que pueden condicionar sus apreciaciones. (Evitan también el uso acrítico de la terminología, como por ejemplo la personalidad de la empresa.)

Incluir una lectura de lo general y lo particular crea resguardos. Son recaudos del consultor para reforzar un encuadre e ingresar en lo singular, recaudos que hacen a su tarea preparatoria y que incluyen lo obvio, evitan los errores más groseros y permiten anticiparse a conjeturas elementales. Por ejemplo, saber que en los organismos públicos coexisten escalafones distintos, que en todos los primeros años de la universidad surge cierto tipo de problemas previsibles, etcétera.

Lo general y lo particular ayudan a preelaborar preguntas cuando las contrapartes no traen información. Ayudan a incluir datos elementales. No necesariamente son aportes críticos al relevamiento, salvo cuando se excluyen por negligencia. Sirven, por de pronto, para constatar en qué medida los participantes son conscientes de elementos que cualquier otro proyecto de esas características puede tener en cuenta. Por extensión, develan el grado de aislamiento del proyecto, que servirá para evaluar el pronóstico. Ayudan a no cometer grandes equivocaciones y sorprenden cuando el proyecto se sale de normas previsibles.

Sólo para dar ejemplos enumeramos aquí algunas preguntas del nivel general:

- En esta consulta, ¿cuál es el proyecto organizacional?
- ¿Tiene razón de ser organizacional la sumatoria de las alternativas que se presentan?
- ¿Cuál es la legitimidad organizacional de estos objetivos?
- ¿Tienen espacio político y legitimidad jurídica como proyecto organizacional?
- ¿Existen en este ámbito como alternativa organizacional?
- ¿De qué otras formas se expresan en este ámbito?

Y enumeramos algunas preguntas del nivel particular:*

- ¿Es similar a otros proyectos? ¿En qué se diferencia de esos proyectos en este contexto?

---

* Sobre la base de los postulados de Katz y Kahn (1977) pueden listarse tipos de preguntas a cada nivel de abordaje.

- ¿Qué instancias regulan hoy este tipo de proyectos, en este medio?
- ¿Qué recorridos han hecho estos proyectos en este medio?
- ¿Qué ha dado este tipo de proyectos en este medio? ¿Qué expectativas se volcaron en este tipo de proyecto? ¿A quiénes representan estos tipos de proyectos?
- ¿Qué instituciones apoyan/se resisten a estos tipos de proyectos y qué poblaciones los sustentan? ¿Cuán delicado es el equilibrio que permite su sobrevida?

EL REPERTORIO DEL CONSULTOR
Y LA METÁFORA CULTURAL

En resumen, también entre nosotros
existían las causas de la Revolución Francesa.
Pero no estábamos en Francia y no hubo revolución.
Vivíamos en un país en donde se verificaban
siempre las causas, pero no los efectos.

Ítalo Calvino, *El barón rampante*

Campbell narra una experiencia al tomar contacto con una población africana que desconocía las líneas rectas y no era capaz de trazarlas: aun siguiendo el ejemplo de los antropólogos, les era imposible dibujarlas. El recién llegado dibujaba un trazo recto con un palito sobre la tierra y el chamán accedía a imitarlo, trazando una línea curva. Cuando, agradeciendo, el investigador vuelve a repetir su trazo original, el mismo chamán acuerda con los gestos, indicando que comprende; agradece y vuelve a trazar otra línea curva. Ante lo inexplicable, los investigadores terminan por entender que en la naturaleza no existe la línea recta y que los miembros de esa población nunca vieron el horizonte. Rodeados de bosques y acostumbrados a regirse por la figura circular del sol, sólo alcanzan a dibujar semicírculos y aguardan confiados el beneplácito de los extraños. Viven en una cultura sin carpinteros.

Cada vez que nos acercamos a un proyecto se repite un fenómeno similar: la singularidad de la cultura en cuestión provoca sorpresa. Que la diferencia no siempre sea tan llamativa se debe más a la impaciencia del observador que a la realidad del caso. Ulloa postula la capacidad de asombro como una de las condiciones de la efectividad clínica.

El consultor trabaja en el campo, hace trabajo de campo. Vale decir que se pregunta sobre la naturaleza de los fenómenos de los cuales es testigo y protagonista en los ámbitos en los que suceden con naturalidad. ¿Puede justificarse una práctica profesional con pretensión científica en esas condiciones? ¿Puede desarrollarse teoría en esas circunstancias? El consultor se apropia de las herramientas y actitudes del etnógrafo: intenta construir una teoría que le permitirá inteligir lo que probablemente ocurre en los resquicios de un universo social particular. Intenta hacerlo con los ojos de quienes lo consultan. Pero, a diferencia del etnógrafo, *está de paso*. Su proyecto no es estudiar, sino ayudar a los que están adentro. Descuenta que cada uno entiende distinto, que la comprensión es subjetiva. Y encuadra su actividad clínica con un repertorio desarrollado en la práctica. Ante todo junto a quienes lo convocan. Antonio Lapalma dice: "En un trabajo, se espera que ciertas cosas que hago apunten a lo previsible, a lo requerido, mientras que otras cosas que haga tendrán un efecto adicional. Hago lo que vengo a hacer, pero mi acción agrega algo más. Creo un ámbito. Formo parte de una red transitoria que trabaja en la parte social del proyecto. Otros ocupan cargos en la red permanente. Trato de romper la inercia que la burocracia me impone con las trabas que son su cultura. Trato de lograr un consenso sobre quienes deben coordinar los aportes de los dos proyectos, lo técnico y lo político, a través del surgimiento de una persona de confianza que a veces no tiene capacidad instalada.

Entonces opero en cambios menores. Ante su indignación indico: ¿Lo dijo? ¿Lo escribió? Hágalo por primera vez. Háblele. Escríbale. Haga lo impensado. Divulgue. Mude." Por su parte, Eduardo Fernández Herrera agrega: "Mi trabajo es ayudar a los otros a hacer mejor su trabajo. Yo no sé, pero él mismo te va diciendo. Pregunto por qué hace lo que hace, por qué trabajando en el mismo lugar y horario prevalece lo reproductorio... Más aún si se torna frenesí. Y hay un mensaje que oscurece la llegada de otros mensajes. Entonces, no agregar lo mío... Porque sé que valen sólo las ganas: lo otro se hace solo. Si está la intención, las formas se encuentran".

Desde el marco lewiniano que postula una definición de organización y de cambio, el consultor propone la noción de cultura como recaudo instrumental para contribuir a tareas de esclarecimiento, consolidación y cambio en los proyectos a los que es convocado. Eso que estudia se llama cultura. Schein, a su vez, recuerda que una empresa no surge espontánea ni accidentalmente: es creada porque un grupo de personas descubre que cierto proyecto requiere no ya del esfuerzo de uno solo sino de la agregación de muchos.

En un principio, esa creación refleja cierta intencionalidad de los fundadores, pero al poco tiempo, ni bien se agregan otras personas, otros intereses, otros subproyectos, se modifica sustancial y continuamente la cultura, y lo que le da originalidad es la singular complementación de subculturas que emerge en cierta circunstancia. El consultor toma contacto con la cultura en situaciones críticas –cuando lo convocan una persona o los miembros de una coalición–, por lo que advierte la sensibilidad de ciertos integrantes de esa subcultura en la complementación cultural predominante. Y sabe que en la crisis emergen nuevos/viejos elementos de la cultura. Que la conducción, por ejemplo, presume controlar y no podrá.

De ahí la necesidad de incorporar a terceros, no por cuestiones de participación sino para complementar la visión de los primeros con las de otros que miran y piensan distinto, y al incluirlos mostrar las fronteras del proyecto viable a los primeros y a quienes se acerquen. Con estos últimos puede no sólo consensuarse la naturaleza del caso sino conceptualizarse el sistema en lisis.*

Ahora bien, al explicar su modelo de trabajo, el consultor enfrenta dificultades de comunicación porque sus colegas académicos requieren un nivel de comparación entre experiencias que son difíciles de satisfacer porque se sustentan en citas de autores. Por otra parte, el consultor es su propia herramienta y la explicitación que hace devela más el ideal de una práctica que la práctica tal cual se aplica. Más aún, debido a la pauperización que sufre el proceso de relato al hacerse la transcripción (la narración difícilmente traduzca el dramatismo del caso en el momento del desarrollo), el consultor incluye, además, las distorsiones propias de quien cuenta. Así entonces, el texto revela su artesanía literaria. El consultor es consciente del primitivismo del relato.

De esta tensión previsible entre el deseo de categorizar y el de operar con singularidad, todo relato es, si no una ficción, una versión. Por otra parte, si por prudencia esconde los detalles del caso, atrasa el aprendizaje propio y el de quienes estén interesados en escuchar/leerlo; y al enunciarlo denuncia la ingenuidad.

Si nos interesa que el cliente haga por su cuenta –primera muestra de respeto–, el consultor parte de escritos y tecnologías simples que facilitarán la comprensión por parte del cliente. Al mismo tiempo, nos fogueamos en conceptualizaciones que, dando cuenta de la complejidad de la problemática, nos acercan a una mayor comprensión. Cada tanto, sin embargo, nos satisface la aparición de quien resuma la particularidad de casos e investigaciones

---

* En medicina lisis define situaciones en las que la resolución se produce gradualmente. Por extensión, la lisis sería un estado natural, en el que los procesos evolucionan de a poco, así como también se resuelven la mayoría de los problemas. Por oposición, una crisis surge inesperadamente y se resuelve de la misma manera. Lisis sería una situación de relativa estabilidad en la cual la mayoría de los sistemas opera dentro de los márgenes esperados.

recientes y tenga en cuenta el nivel de aplicación posible. Por más que sea vital conocerlos, cada escrito es una codificación que contribuye a tranquilizar al consultor y a comenzar el diálogo con el cliente.

Cada vez que un consultor encara un proyecto, no sabe. Sabe que no sabe y es consciente de que sabe que no sabe. Esa debilidad es la fuerza que le permite plantarse frente a la demanda y asistir. Estar ahí y ayudar. Con el respaldo de las lecturas y la fuerza de querer escuchar para entender. Si quien pide es quien mejor conoce lo que destaca como parte de su realidad, difícilmente acierte el de afuera, con su saber, a preguntar y a ordenar los hechos que saltan a la vista. ¿Cuál será el momento en que el señalamiento canalice el análisis de lo pedido y que es deseado porque fortalece al que pide? ¿Cómo surgirán las circunstancias en que se pueda trabajar sobre lo que subyace a la invitación y se evita porque pone en crisis el poder relativo del que consulta? Sería extraño que se invite al consultor solamente para realizar un relevamiento: si se lo convoca es porque existe la esperanza de que ayude a mejorar el pronóstico, para que a través de los indicios que puede registrar por su saber del no saber, su participación se transforme en aporte. No ya del diagnóstico de la situación específica (ya que cualquier colega sensato puede ayudar a elegir el dispositivo) sino de la creación del ámbito que contribuya a desplegar las acciones que ayuden a pasar del diagnóstico a la concreción del proyecto.

En un caso reciente, trabajábamos con una gerente que introducía mejoras sistemáticas en su empresa, una organización altamente profesionalizada en la que se vehiculizan procesos de cambio en forma metódica. En la conversación, sin embargo, se distinguía el motivo de la convocatoria: lo que la empresa no hace, lo que se rehúsa a hacer, lo que posterga. La empresa realiza relevamientos de clima interno –la metodología moderna– y se constata que la mayoría del personal está satisfecho con las políticas y sistemas. Sin embargo, los gerentes en su desempeño reciben baja calificación –el punto en el cual se detiene la intervención promovida internamente–. Se critica "que no hagan más", "que no usen las herramientas que la empresa pone a su disposición".

El consultor procesa ese dato, lo hace información para poder mantener el interés y la serenidad de su cliente, para mostrar que escucha, para poder operar ahí donde no pueden avanzar los de adentro. Su patrimonio es cómo lo hace; la otra parte, la metodológica, la acopiará como pueda, y en esa empresa la desarrolla cabalmente la gerente. Pero lo crítico es lo primero –ubicarse en el intersticio de la cultura– y, para ello, en sus primeros pasos habrá leído a los maestros y acompañado a otros para observar qué y cómo hacían; habrá conversado y seguirá escuchando a sus colegas. Y a medida que trabaje, lo hará en función de lo que, a su reducido juicio, sintoniza con las necesidades percibidas y los pedidos implícitos en la situación sabiendo que aquello que hace con cierta conciencia de aventura le servirá quizás, después de procesado, para una próxima vez que por definición será distinta. Aprendiendo a aprender. Con tiempo, el consultor accede a formar mentalmente mapas con puntos de reparo, vinculados a experiencias anteriores que lo convierten en lo que Schön llama un *practicante reflexivo*.

La construcción del oficio reside en plantearse desafíos prácticos. Y produce placer. Pero tiene sus peligros porque, por deformación, en su rastrillo el consultor cree advertir elementos de un anterior caso que no necesariamente existen en éste que lo convoca. Por eso toma ciertos recaudos que ordena en cuatro categorías,* a saber:

---

* La conceptualización de la tarea del consultor en cuatro etapas ordenadoras surgió en reuniones de reflexión con Luis Karpf, Eduardo Kreimer, Santiago Lazzatti, Jorge Ponte y Rubén Ordóñez.

- *Grandes ordenadores,* vale decir "lo primero que hago ante un pedido". Esto incluye las tareas previas a una entrevista y parte del desarrollo de los primeros contactos. Son las dos o tres preguntas que cada uno privilegia, que permiten un acercamiento gradual que integra lo general, lo particular y lo singular de las organizaciones y supone la convicción de que, si el otro llama, es porque invita a pensar y a incorporar elementos que garanticen la inmediata y mayor eficacia.

- *Criterios interpretativos,* vale decir las metáforas a las que uno refiere los datos que extrae (por ejemplo, en mi caso personal son culturales).

- *Taxonomías o repertorios,* vale decir los esquemas –puntos de reparo– gracias a los cuales, por sucesivas constataciones, el consultor enmarca y atestigua lo que va pensando y los puntos de urgencia que advierte en la demanda de quienes lo consultan.

- *Reglas para la acción,* desde las cuales arma una propuesta de colaboración en la que asume responsabilidad por aportar experimentación y tranquilidad, sugerencias operativas y recomendaciones genéricas para el proceso de puesta en marcha de alivios y mejoras. Esto significa 1) que ubica el pedido en un contexto y supone que, para su encaminamiento, se deberán equilibrar elementos de estrategia y de valores; 2) que en todo pedido subyace una demanda de reserva y transparencia negociado con quienes, además de los convocantes, se verán afectados por el trabajo; 3) que se diseñarán dispositivos singulares, y 4) que en el pasaje de la organización existente a la requerida lo crítico será la definición de las brechas –proyecto posible– y el manejo de la transición.

Hay un espacio para conversar: cuando la circunstancia tiene cierta gravedad, las disfunciones saltan a la vista y los responsables se prestan al relevamiento. Ahora bien, el riesgo yace en las limitaciones del consultor: su sobrecalificación académica, la reacción ante el pedido, la urgencia planteada, el deseo de ser quien resuelva. La metáfora cultural opera como recaudo moderador en tanto recuerda a la empresa como sistema, al proyecto como intentona, a los de adentro y al de afuera como extraños –los unos para los otros–, involucrados en el proyecto conjunto.

La organización abordada como cultura

El término *cultura* es complejo. Kroeber distinguió innumerables definiciones. Cultura como suma de lo que los seres humanos aprenden en tanto miembros de un grupo de pertenencia (Arensberg y Niehoof, citado en Hornstein). Cultura como contenidos de la experiencia transmitida socialmente y como marco de referencia primario al cual se vinculan todas las variedades del aprendizaje (Opler). Cultura como suma de repertorios que se expresa en microinstituciones.

La probabilidad de éxito en un proceso asistencial depende de la eficacia de poder convocar otras miradas de los corresponsables internos en una tarea de relevamiento/recirculación de la información que muestre su singularidad. De otra manera, sin el diagnóstico operativo que ilumine e inspire a los afectados, será difícil reconocer la necesidad de un cambio, imposible para quienes hayan advertido una brecha incorporar aprendizaje que arraigue en sus costumbres, inviable cualquier proyecto de consolidación o cambio. Sin esclarecimiento, es improbable que se desplieguen los elementos que permitan la instalación del cambio.

En una monografía sobre la influencia de las pautas culturales en los procesos de cambio tecnológico, Mead propone una definición acompañada de admoniciones. Dice que "cultura es una abstracción que se refiere a la suma de conductas aprendidas que un grupo humano, que comparte una tradición, transmite en forma integral. Además de las artes, ciencias, religiones y filosofías a las que normalmente se adscribe el término, cultura cubre los sistemas tecnológicos, las prácticas políticas, las costumbres íntimas y cotidianas (por ejemplo, la forma de preparar y dar a comer los alimentos o la manera en que se arrulla a un niño, tanto como los métodos utilizados para elegir a un Primer Ministro o modificar la Constitución de la Nación)". Y sigue: "Este estudio está basado en la suposición, a su vez extraída de trabajos de campo en muchos tipos de sociedades, de que las modificaciones operadas en una parte de la cultura se verán acompañadas por alteraciones en otras partes, y que sólo vinculando los detalles de un cambio planificado con los valores centrales de la cultura será posible tener en cuenta las repercusiones que ocurran en otros niveles de la misma".

El estudio de las culturas se inicia formalmente a fines del siglo pasado. Kardiner sugiere que se puede comprender una cultura en función del equilibrio que se crea entre sus instituciones primarias, surgidas de las tradiciones de la economía del lugar, la personalidad modal y las instituciones secundarias como creencias y religiones, que a su vez realimentan a las instituciones primarias. Jacques es uno de los primeros en aplicarla al ámbito institucional. Dice Jacques: "La cultura de la fábrica es su manera acostumbrada y tradicional de pensar y hacer las cosas, que está compartida en mayor o menor medida por todos sus miembros y que los nuevos miembros, cuando entran a prestar servicios en la firma, deben aprender y –por lo menos, parcialmente– aceptar para ser aceptados. En este sentido (la noción de) cultura cubre un amplio rango de conductas: los métodos de producción, las pericias ligadas a tareas específicas y los conocimientos técnicos; las actitudes en relación con la disciplina y el castigo; las costumbres y los hábitos de la conducta administrativa; los objetivos de la empresa; su manera de hacer negocios; los métodos de pago; los valores asignados a los diferentes tipos de trabajo; las creencias en la vida democrática y en la concertación; las convenciones y los tabúes menos conscientes. La cultura es parte de una segunda naturaleza para aquéllos que han estado en la firma durante algún tiempo. La ignorancia de la cultura caracteriza a los nuevos, mientras que los miembros inadaptados se reconocen por su rechazo de la cultura de la firma o porque, de una manera u otra, son incapaces de utilizarla. En síntesis, la posibilidad de relacionarse depende de que se asuman roles dentro de una estructura social. La cualidad de estas relaciones está gobernada por el grado en que los individuos en cuestión hayan absorbido la cultura de la organización, de modo de poder operar dentro del mismo código general. La cultura de la fábrica consiste en medios o técnicas que están a disposición del individuo para manejar sus relaciones, y las de quienes dependen de él, y para abrirse camino entre y con los otros miembros y grupos".

La noción de repertorio y los puntos de reparo

Al abordar una consulta tenemos en cuenta la naturaleza del pedido y los motivos por los cuales los responsables desean encararla. Preguntamos por la actividad que desarrollan, las oportunidades estratégicas de sus proyectos, la salud económico-financiera de la firma, sus niveles de competitividad, las tecnologías en uso, las particularidades del momento. Y al escuchar a quienes presentan el caso, filtraremos –a pesar nuestro– la presentación sobre la base de repertorios similares –nunca idénticos– a los esbozados. Contamos con el instrumental como para intervenir en la contención requerida, escuchando para entender, pidiendo aclaraciones, constatando, viendo los intereses en juego. Trataremos de caracterizar la naturaleza del objeto; identificaremos los desencadenantes de los conflictos de interés, y ligaremos estos conflictos a la trayectoria del proyecto. Las metodologías son de fácil acceso, y los requerimientos de la mayoría de las organizaciones en crisis no son difíciles de encuadrar. Pueden ser confusas, pero no complejas; puede haber irracionalidad, pero la información es parte de una composición; pueden expresarse de forma ambigua, pero circunscribiéndose a pocas variables se puede mantener un diálogo profesional que tranquilice y ayude al cliente a saberse atendido.

El diagnóstico sería simple, las herramientas fáciles de explicar. Sin embargo, ¿cómo operar en el nivel adecuado para enfrentarse a la crisis actual, incorporar un recurso y prevenir la próxima? Además, ¿cómo resistirse al discurso que propone que toda organización ha de procurar eficiencia y se beneficiaría al adoptar criterios empresarios?

Sin duda, hablamos de organizaciones y habrá algo –*general* de las organizaciones, distinto de lo que abarca a sociedades, comunidades, familias– que las cubra; habrá por otra parte ciertos elementos *particulares* para cubrir a las que responden a una misma tipología –escolar, asistencial, empresa privada, organismo municipal, etcétera– en las que se encontrarán elementos jurídicos, comerciales y técnicos que permitan explicar la emergencia de las disfuncionalidades que originan el pedido de consulta. El señalamiento tendrá en cuenta esas referencias, pero si se requiere instituir un cambio –si la intención no es cosmética sino trascendente– el proceso de ayuda debe tener en cuenta lo *singular*, la cultura predominante de esa suma de proyectos que se articula en la organización cliente. Y desarrollar un proyecto que responda al pedido y apele a lo mejor de sus integrantes depende de la posibilidad de incorporar nuevos significados a la constelación cultural existente.

El consultor sabe *a posteriori*: aprende de lo que ocurrió. En el ínterin, su pericia depende de cuán rápidamente registra y responde. Para eso cuenta con disposición clínica y referencias anteriores. Aprende en la medida en que acumula, porque se da el tiempo de indagar sobre lo que ocurrió. Sabe mirar hacia atrás, apelar a antecedentes. Y cuando responde, lo hace a partir de un recorte expresado por la suma de culturas en las que está inserto el interlocutor. Trabajando en el caso singular, el consultor teoriza a partir de su práctica y elabora el modelo que, a su juicio, corresponde a esa constelación cultural. Para eso cuenta con puntos de referencia, lugares desde donde mira con neutralidad a quienes se propone ayudar. Los llamo *puntos de reparo*, porque me sirven para la doble tarea de mirar con atención e iniciar una acción comprometida de alineamiento.

Reparar significa componer, arreglar; alude a una reparación, vale decir a una acción que resuelve una cosa que estaba pendiente y por la cual una persona se siente deudora y debe impulsar una acción de desagravio. Repara quien hace un alto en alguna parte; se detiene antes de hacer cierta cosa y considera las dificultades, los inconvenientes, percibe algo que hay o que ocurre particularmente en su presencia; algo que sería poco perceptible o a lo que cierto grupo otorga un significado especial. Por extensión se dice de algo que uno recuerda en un momento dado, haciendo un esfuerzo. Se refiere, además, a algo que está mal y puede ser compuesto. En el nivel individual se refiere a contenerse, a moderarse. Se usa también la expresión *reparar las fuerzas*.

Puntos de reparo serían los lugares virtuales que registra el consultor al observar una cultura en acción. Desde ellas tira hilos imaginarios hacia los otros posibles componentes de esa cultura, para elegir desde dónde podría mejorarse el pronóstico. (Que *points de repère* aluda a la figura del padre es para lacanianos y mexicanos que barren con escobas amigas.)

Repara, entonces, quien mira –reparar en lo extraño, lo distinto, sin extrañarse–; repara quien se cuida a sí mismo, para no alejarse de sus valores; repara quien protege, quien pregunta con consideración.

Analizar *a posteriori* no es difícil: cualquiera conversa sobre lo que hizo con quien lo vio hacer. Pero explicar la clínica por escrito sí es difícil: más prudente es filmar y conversar repasando el material. Así se podrá ver que el consultor hace recortes significativos en el material que le ofrecen quienes consultan, y consigue que la indagación de cierta problemática se haga contra el marco existente en la cultura de su cliente. Si pudiéramos seguir a un consultor, haríamos un listado del tipo de escorzos que propone, los cuales constituyen estímulos para la reflexión más que columnas vertebrales para una investigación, de manera que el otro se apoye en el estímulo que pueda servir al proyecto.

Schön propone llamar repertorio a la suma de elementos que utiliza el consultor. El *Diccionario Larousse* define como "repertorio" el registro en el cual las noticias, títulos, informaciones, etcétera, están ordenados de manera que puedan encontrarse fácilmente. El consultor ha aprendido, retenido y conformado como veraces algunas de las ideas extraídas de su experiencia, que es selectiva: son elementos centrales que sirven de base a modelos que construye y a los que agrega los matices y la riqueza conceptual de la que es capaz.

En algún remanso de su tesoro personal el consultor se encuentra, además, con ideas sueltas, aparentemente desgajadas, que se relacionan de otra manera y se articulan como ramificaciones de mayor independencia relativa que las otras. El artesano encuentra y agrega, como quien recoge especímenes que alguna vez servirán en otra instancia. La Investigación Acción desarrolla la capacidad de "encontrar", de establecer relaciones estimulantes a partir de experiencias dramáticas del cliente. Son epifanías. El consultor las vincula a marcos propios no relacionadas unívocamente con modelos explicativos convencionales.

La intervención eficaz es, entonces, una práctica interactiva, gradualista, reflexiva, propia de un contexto de descubrimiento. Se sustenta en la capacidad para operar singularmente articulando elementos del cliente con encuadres del consultor que se refieran a la problemática más acuciante. El proyecto viable surge del entramado que articula el cliente, gracias a la facilitación que propicia el consultor al hacer sus recortes.

En este sentido, la noción de cultura* ofrece ventajas interesantes. Por una parte, su vastedad: cliente y consultor encuentran campos de entendimiento, distanciándose de la realidad inmediata de la organización. Otra ventaja es la liberalidad de la metáfora, ya que en tanto cada con-

---

* En el campo organizacional es quizás Jacques quien primero utiliza el término, mientras Hofstede y otros (1990) atribuyen su primacía en la bibliografía a Pettigrew (1979). Desde Roethlisberger y Dickson (1939), sin embargo, el concepto viene meneándose. El rastreo de las definiciones puede encontrarse en los trabajos de Schein (1985), Malfé (1986), Martin (1992) y Smircich (1983), Deal y Kennedy (1982), Peters y Waterman (1982), que popularizaron la aplicación de la metáfora cultural en el ámbito organizacional. Bowers (1963) había sugerido que cultura es "the way we do things around here", "la manera en que hacemos las cosas por aquí". Schein (1985) vinculó el concepto con trabajos de investigación, conceptualizaciones académicas y textos de divulgación, a pesar de que a nuestro juicio peca al centrar el desarrollo de los procesos culturales en la emergencia de la figura de líderes carismáticos en la empresa, y al proponer la validez de un proceso evolutivo de tipo genérico.

sultor construye su propio repertorio el trabajo clínico es personal y auténtico.

Cuando operativamente se menciona el término diagnóstico, se alude al conocimiento que van legitimando los protagonistas internos y el consultor sobre la forma en que en esa organización se reúnen aspectos del proyecto que permiten ordenar la tarea. Y aunque esos elementos constitutivos dan lugar a formas que explican la interacción entre las partes, no es necesario subsumir el todo bajo un nombre particular (puesto que la singularidad es su característica primordial, sería inadecuado aprehenderlo bajo el manto de un denominador).

Ahora bien, la tarea del consultor debe poder ser transmitida y debatida, debe dar cuenta de sí misma, más allá de las dificultades de la planificación abierta, de la presencia de la maravilla y del insight y de la acumulación a menudo imprevisible. En este sentido, la metáfora cultural ayuda a entablar el diálogo y a realimentar las primeras presunciones. Opera con niveles de lo general y lo particular de las organizaciones, y expresa la cultura de la organización a través de constelaciones de elementos microinstitucionales.

Por otra parte, la intervención es un experimento cultural. ¿De qué otra forma llamar a una colaboración que se instala por tiempo limitado, se mantiene paralela a las actividades acostumbradas y se lleva a cabo en condiciones de trabajo distintas de las cotidianas? A través del trabajo de campo se redescubren las expresiones subculturales vigentes, hasta ahí escindidas o encubiertas, que se constituyen en fortalezas o debilidades. Lévi-Strauss rescata, bajo el nombre de *bricolage*, la artesanía de quien trabaja con las manos, por oposición a quien es "hombre de arte". Extraña combinación de ciencia y oficio que gesta listados de memoria abierta, sujeta a modificaciones y simplificaciones, con limitado nivel de coherencia, redundancia y complementariedad.

En una consultoría, el cliente admite un abordaje heterodoxo por definición, y la noción de repertorio permite incluir los elementos usados por los practicantes reflexivos en su conversación sobre una situación problemática. El consultor sabe que los integrantes de la organización cliente lanzan información sin circunscribirla, para poder operar con ella. El consultor no conoce la tarea del cliente y no puede imponer una racionalidad que parte de la naturaleza del problema técnico que preocupa, pero da cuenta de que en ciertos momentos se detienen ante una situación sin salida aparente, y en tales casos su repertorio le ofrece alternativas de abordaje genérico.

En este sentido, lo importante en una cultura articulada es introducir nociones de continencia técnica mientras se atiende la situación personal de los interlocutores y se la enmarca en imágenes coherentes con las líneas fundamentales de la singularidad de la organización. Esa posibilidad descansa en el tesoro personal del consultor. La situación problemática que le presenten lo remitirá a escenas que tienen valor de antecedentes. Ellas provienen del vínculo que el consultor establece con las características del equilibrio que percibe entre subculturas vigentes en la organización cliente; las urgencias del proyecto, especialmente por aspectos ideológicos o estratégicos; y las posibles evocaciones de desafío y éxito, fracaso y temor que detecta en los interlocutores.

Conformar un repertorio ayuda al consultor a adelantarse a aspectos previsibles de constelaciones culturales a través de elementos vinculados con coherencia y difícilmente comprobables. Cuanto más simple el esquema de contrastación, más se facilita el contacto, y el repertorio permite al consultor resumir elementos a los que no necesitará recurrir salvo excepcionalmente, pero que le servirán para el diálogo. Cada operador cuenta con referencias y experiencias: a través de ellas reestructura lo que le enseñaron y se organiza en lo que aprendió. Por lo tanto, construye su repertorio atando sin anudar. Las metáforas serán diversas: cada una remitirá a maestros y circunstancias pero cada una será fuente de formación en la medida en que establezca una trama contra la que podrá referir procesos culturales.

Schön dice que el consultor sabe más de lo que puede explicar: ha recogido formas de analizar un proceso complejo en cada una de varias disciplinas y niveles, y al participar escuchando se encuentra recordando aspectos que lo sorprenden y en los que desearía ingresar, hasta que descubre puntos que interesan a sus interlocutores y que le permiten crear un marco desde el cual focalizar la atención. También Lévi-Strauss usa el término "repertorio".

Tipologías de cambio y proyectos posibles

El consultor actúa en función de su repertorio, tiene incorporada su visión de cómo son y cambian las organizaciones y de cuáles serían las prevenciones explicitables a partir de la noción de cultura.

En una cultura predominantemente cerrada, las barreras son su concepción de "la organización para mí", hecho que tradicionalmente impide el desarrollo de una estrategia (el afuera puede ser distinto de como me lo había figurado, o está cambiando y no me daré cuenta) y la forma en que se ejercita el poder. El individuo está sobresocializado hacia la conformidad. Es inusual operar en proyectos con culturas cerradas. Sin embargo, surgen varios tipos de situaciones que producen estados de crisis y de alerta, como, por ejemplo, cuando se producen necesidades en una parte de la organización que, para su solución, requieren de un abordaje más abarcativo, la inclusión de miembros esclarecidos, etcétera.

Hay una tendencia a inundar/bombardear la cultura con múltiples estímulos para procurar su modificación. En tiempos de estabilidad o crecimiento, esta estrategia es utilizada normalmente por grandes burocracias* multinacionales y sus efectos se perciben en el mediano y largo plazos. En situaciones de crisis, este tipo de organizaciones se vuelcan a otro tipo de estrategias.

De hecho, en la medida en que no se alteren criterios centrales de legitimidad y legalidad, incluyendo modificaciones en la recolección de tributos, difícilmente puedan arraigar las cambios, por mayor y más estruendoso que sea el bombardeo.

Es esencial establecer cuáles son los mecanismos que justifican que esa estructura social se organice y garantice la instauración de mecanismos de conducción previamente desconocidos.

Introducir eficiencia implica desestructurar un orden que privilegia a pocos, esos pocos que saben que, de transparentarse la situación, verían reducido su poder. Por eso, la tarea no es sencilla, independientemente de las inequidades e ineficiencias existentes, puesto que de hecho éstas sirven a algún propósito en la estructura existente. Todo cambio intro-

---

* La ausencia de cultura en una institución burocrática explica la dificultad que se encara cuando en "una empresa organizada" se desea "instaurar un cambio de cultura". Se sobrentiende que la persona que se incluye en ese ámbito deja de lado su capacidad de "hacer cultura", o sea de participar como individuo en el libre juego de debate sobre valores, desarrollo creativo de sistemas, producción individual de artificios, sustento personal de creencias. Por definición, una empresa organizada según el modelo burocrático está eximida de cultura, puesto que para lograr su fin fragmenta y asigna sobre la base de políticas y procedimientos cuidadosamente elaborados, cubriendo lo que cada uno debería saber para hacer las cosas como se espera que se hagan con la mayor eficiencia posible. Se supone que los expertos se ocupan de crearla para todos, pretensión que de hecho cuestiona la dinámica implícita en el concepto de cultura. En tales organizaciones, lo que de cultura habría serían las infracciones, o sea lo que las personas instalan violando el contrato explícito acordado al incorporarse como miembros, y la pretensión de cumplir con ese contrato.

ducido por expertos provoca resistencias, y en una cultura en la que lo organizacional no se advierte como proceso, aquel que asume pericias desautorizadas es tildado de experto.

Por otra parte, quienes viven un sistema discriminador e inequitativo conocen sus dolores, pero se han acostumbrado y han logrado suplementar tales desventajas con otros mecanismos que, por perversos e inhabilitantes, pueden parecer inadecuados. Pero al mismo tiempo cuentan con mecanismos de protección mutua: alteran las relaciones de reciprocidad y añoran ventajas, aunque tienen dificultad en creer que en algo pueden beneficiarse si ceden las ventajas existentes.

Para el éxito de un proyecto de cambio en una cultura predominantemente cerrada es fundamental poder (a) instalar espacios de reflexión; (b) crear actividadxes fundacionales; (c) aprovechar crisis existentes; (d) incorporar selectivamente la participación creando estructuras colaterales; (e) trabajar sobre proyectos específicos de interés estratégico.

Para ello será útil comenzar con alguna experiencia en la cual uno o varios miembros cercanos a la Dirección han podido crear carisma sin desestimar su compromiso con el *statu quo*. A partir de ahí, atraer gurúes que ayuden a mostrar que esta cultura no es común, y que existen condiciones de entorno que hacen imperativa la asunción de ciertos riesgos, mayores que los previsibles en tiempos anteriores.

Pero todo esto es difícil de hacer en vacío: será preciso establecer un ámbito experimental en el cual se compruebe cuál es el nivel de credibilidad que tiene el equilibrio vigente de subculturas, en qué prácticas se sustenta, qué enclaves de otras culturas existentes pueden servir para encabezar un proyecto de cambio, y qué antecedentes deben ser rescatados y recuperados en el nivel amplio para movilizar el aplomo –contrarrestar la arrogancia–, vinculándolo con proyectos puntuales.

Tradicionalmente, en culturas cerradas la innovación tecnológica es fuente de prestigio porque no cuestiona y, más aún, puede reforzar criterios autocráticos existentes: la noción de experto pone en ecuaciones de tipo simple lo que en realidad es complejo. La noción de *ceteris paribus* tranquiliza y permite introducir cambios. El peligro es que se haga sólo esto, y nada cambie.

El éxito de un proyecto en una cultura cerrada descansa en la posibilidad de vincular un nuevo tipo de conducción con una situación estratégicamente diferente. La tradición estará segura de que el cambio será cosmético: el cambio estratégico resuelve una dificultad, por lo cual se hacen necesarias ciertas adecuaciones que refuerzan el *statu quo*.

La consultoría en una cultura cerrada es prudente. Por lo tanto, un manejo correcto reconoce que la llamada viene movilizada por un pedido concreto y limitado y lo único que se puede hacer es responder para que esa primera actividad se transforme en la primera etapa de un proyecto que podría extenderse.

En una cultura predominantemente articulada preexiste cierta efectividad en el desarrollo de proyectos organizacionales. Y aspira a transgredirlos en función de una trascendencia, por lo que es natural y conveniente esclarecer, consolidar y cambiar.

El consultor preconiza el desarrollo de estrategias emergentes, vale decir, del desarrollo de un proyecto en función de necesidades legitimadas y de la viabilidad de cada tarea puntual. Descuenta que es virtualmente imposible predeterminar secuencia, relevancia e impacto de una u otra actividad entre las que puedan ir surgiendo en diversos períodos de la consultoría. Por otra parte, cabe decir que un proyecto que normalmente se extiende durante un período extenso difícilmente sea llevado a cabo con un solo equipo de conducción y seguramente sufrirá interrupciones. El proyecto avanza en la medida en que resuelve las necesidades sentidas y convalidadas.

EL TIEMPO, LAS PALABRAS Y EL PROCESO DE *GAIN ENTRY*

Donner un sens plus pur aux mots de la tribu.

STEPHANE MALLARMÉ

Quien convoca al consultor lo hace con un proyecto que sabe esquemático, ingenuo e inspirador, y así lo declara en el primer encuentro. Tiene un proyecto en ciernes. Para el consultor, cada proyecto abre y cierra con la sonrisa de quien ve la hendija y se propone hacer algo por primera vez. Es un estímulo para sentirse aplomado, una ocasión que habría que celebrar. Y el cliente está a la vez acuciado por la falta de tiempo y necesitado de hacer de otra manera.

Quien escucha al cliente sabe que el proceso es posible en la medida en que se dedique tiempo a la reflexión, se legitime la inclusión, se la cargue de sentido, se imbuya de subjetividad el espacio público, para resignificarlo. Debe valorar el tiempo, ingeniárselas para aprovecharlo.

El proceso por el cual el consultor da especial significado al espacio que le permitirá operar en el proyecto se llama *gain entry*. Este capítulo muestra algunos senderos que allanan la comunicación. Por de pronto, habrá quienes correctamente traduzcan *gain entry*, por "abrir la puerta" o por "poner un pie". Alude a ganarse el lugar, a ocupar un espacio que puede crecer. No se refiere a un espacio limitado, a un sitio, sino a una condición que se crea al abrirse una nueva opción; muestra una presencia diferente de las conocidas. Llegar a un lugar que estaba pero no se ocupaba.

Gain entry implica ocupar ese lugar y crear el espacio y los tiempos que permitirán que una preocupación sea escuchada, convalidada, y se canalice en una modificación que atienda la necesidad que señala el cliente. En ciertas ocasiones esto es improbable. Veamos el caso de un director comercial que organiza una Convención Anual de Ventas e invita al consultor a dar una charla sobre un tema que le preocupa. "Desearía que la actividad no fuera académica, sino que incluya un alto nivel de intercambio." Y agrega: "Es una ocasión importante. La gente recibirá información vital para sus actividades y debe modificar sus conductas para actuar de manera más autónoma y profesional". Estarán juntos dos días y medio –"pocas horas para esta tarea"– y habrá una recepción el domingo a la noche, con palabras suyas, charlas de recontacto y mesas de truco. "El cronograma es intenso: la mañana del lunes se harán ocho presentaciones de 15 minutos; la tarde se dedicará a jugar al fútbol y al paddle; la mañana del martes va mi charla y después del almuerzo se distribuirán los premios de los campeonatos de fútbol y truco."

El consultor le pregunta sobre los propósitos del encuentro, y él explica que desea lograr que los empleados conozcan los planes para el semestre y "se sientan integrados". Se le pregunta si pensaron utilizar tiempo anterior a la reunión para enviar materiales, evitando así las presentaciones del lunes, reservando el período para presentaciones críticas y dándose más tiempo para investigar alternativas, aprovechar éxitos del equipo de un sector en beneficio de otros, etcétera. El cliente pregunta al consultor si piensa que "ese nivel de gente participaría"; y cuando se le pregunta cuál ha sido su experiencia contesta que "nunca hablan". Le pregunta entonces si alguna vez introdujeron el debate. El cliente dice que piensa hacerlo, pero que todavía no lo ensayó. Se le sugiere que parte del tiempo que falta hasta la fecha del encuentro podría usarse para programar actividades que remitan a los problemas propios de su sector. Se le propone organizar la presentación en forma de taller y usar parte de la tarde del martes para cerrar con planes de acción por regiones. El cliente agradece y no llama. El consultor preguntó, pero el cliente no tenía interés en responder.

En este caso, el hecho recrea situaciones anteriores desvalorizadas. Lo sabido se repetirá en forma mecánica. Se abre la puerta y nadie sale a jugar. Todo está cargado de imposibilidades. Promovido por esa censura, surgirá el resentimiento: es probable que quienes asistan al encuentro sepan de antemano que se atosigarán de comida, beberán vinos caros, sentirán la resaca y volverán a sus provincias habiendo constatado que nada cambia. El directivo pasa sin inteligencia de la proclama –"Desearía que la actividad no fuera académica"– a la efusividad –"se sientan integrados"–. La puerta se cierra antes de abrirse. No advierte que su acercamiento es estéril.

Por oposición, ¿qué ocurre cuando la información se carga de nuevos significados? En cierto emprendimiento se debían finalizar varias construcciones y poner una planta en marcha en poco tiempo. Era un trabajo ciclópeo porque existían, además, innumerables dificultades. Se trataba de un proyecto nuevo que incorporaba una tecnología desconocida en el medio. La empresa estaba constituida por tres grupos poderosos con personal internacional, y se acababa de incorporar un nuevo gerente general, después que estallara el enfrentamiento de un director con el gerente general anterior. Luego de formarse un nuevo equipo de Dirección proveniente de organizaciones diferentes, se hicieron las primeras reuniones con la cúpula. Y quedó en evidencia la necesidad de establecer un programa de acción ajustado y convocar a un encuentro de preparación estratégica. Puesto que la diversidad de orígenes y enfoques era amplísima (con la consiguiente probabilidad de malentendidos y conflictos), se incluyó una actividad de Integración de Equipos. Los invitados nunca habían participado de nada igual y, en su mayor parte, expresaban dudas acerca de la intencionalidad del proyecto social. Sin embargo, las primeras evidencias mostraban a un ejecutivo que se proponía metas ambiciosas e incluía a sus dependientes en toma de decisiones que los halagaba y los capacitaba. El hecho de que el ejecutivo avanzara rápidamente en el aprendizaje del idioma español agregaba una cuota de simpatía a un caso dramático. Su forma de conducir era inusual, sin embargo. La mayoría de los gerentes, tanto locales como extranjeros, provenían de empresas familiares en las que era común un trato paternalista discrecional, con muchas exigencias y poca consideración a las personas. Venían de empresas en las que no hay figuras claras, alguien que sabe, que da amparo, que dice taxativamente cómo es la cosa. Él no: su participación había sido prudente y cordial.

Durante las jornadas de trabajo, él presentó información crítica para el desarrollo del proyecto, información que los gerentes desconocían y que se debatió ampliamente; los integrantes del equipo gerencial y de jefaturas comenzaron a conocerse entre sí discutiendo en torno del tema que los ocupaba. Al hacer la síntesis del trabajo realizado durante los tres días, el gerente general anunció que se reunirían cada tres meses para cumplir una tarea similar, incluyendo a todos los que habían asistido y a quienes se agregaran en sus niveles de responsabilidad. Propuso, por lo tanto, que se le diera nombre a la experiencia.

El silencio que siguió hizo pensar que la mayoría conjeturaba que él tendría un nombre *in petto*, por lo que recién después de un rato surgieron las primeras opciones, que en principio aludían a palabras de moda como *empo-*

werment o *proactive*. Pero nadie las apoyó. Luego, alguien se aventuró con nombres de equipos triunfadores, y esa etapa también quedó de lado. Más tarde, algunos pensaron en voz alta que quizá convendría acordar qué representaban esas jornadas para el proyecto. Así fue como surgieron otro tipo de palabras, hasta que se llegó a la conclusión de que por primera vez habían dedicado tiempo a pensar antes de actuar, y a hacerlo en un clima de horizontalidad. Tras algunos debates pasaron a llamar ¡TIEMPO! a la actividad, palabra que se representaba, como en el juego de basquetbol, con la palma hacia abajo y el dedo índice de la otra mano presionándola.

¡TIEMPO! no sólo dio nombre a la actividad trimestral que los reunía, sino que pasó a ser palabra franca cada vez que en plena reunión de trabajo alguien necesitaba evocar el clima que se había creado en aquel primer encuentro. Ante una dificultad, convocaban el espíritu del encuentro. Sabían actuar a pesar de encontrarse desbordados. El uso de esa palabra también se extendió a quienes, sin haber estado en la reunión original, entendían que ¡TIEMPO! connotaba una forma de trabajo. Lo que hacía su ingreso, su *gain entry*, no era, en consecuencia, una palabra: era una forma de trabajo que ya tenía un término para designarla.

Si en todo proceso de transformación la revitalización de la cultura predominante se reconoce por la incorporación simultánea de prácticas y palabras nuevas, ¿cuál sería el aporte potencial de un taller sobre *coaching*, por ejemplo, si la palabra que describe una forma de conducción carece de equivalente en el idioma de los presentes y la posible instalación del término tiene sólo la importancia de un gesto?

Lo que sigue no debe entenderse como una defensa alborozada de términos de la gerencia norteamericana. Sin embargo, el hecho de que en otras localidades se dé nombre a prácticas empresarias inexistentes entre nosotros puede tener un efecto aleccionador. Porque por más que palabras como *manager* o *team work* no necesariamente respondan a prácticas locales, y eventualmente se utilicen tal como las traduciría el diccionario, abren el camino a que algún viajero las use y se estimule así el desarrollo de conceptos y la generación de procesos que, alimentados por esas palabras, se constituyan en alternativas a los procesos locales.

Cuando esto se hace con suerte, deja un buen sabor en la boca. En una experiencia reciente un gerente extranjero usaba el término *commitment* y, puesto que la mayoría de su personal –ingenieros calificados– conocía bien el inglés, se sobrentendía el significado. A los pocos meses de estar en nuestro país, el gerente, sin embargo, estaba insatisfecho respecto de cuánto se había involucrado el personal de la empresa y era evidente que el término al cual se referían unos y otros no era el mismo. Entonces se pidió a cada uno que escribiera en una hoja de papel qué significaba esa palabra. Así se descubrió que cuando el extranjero hablaba de *commitment* se refería a la relación de la persona con su trabajo y con la empresa; cuando la usaba un argentino expresaba su relación con el grupo inmediato que le permitiría abocarse de lleno a la tarea. Varios anotaron la palabra *pertenecer* como ligada a *commitment*, y explicaron que el compromiso debía estar mediado por la relación de la persona comprometida con el grupo del cual se sentía acompañado, mientras que para el gerente el vínculo era inmediato y se producía entre la persona y las metas que había asumido. Cuando, más tarde, se vio la conveniencia de investigar el sentido relativo de la palabra *support*, referida al apoyo que un directivo daba a un profesional, los argentinos aclararon que significaba "que me sea leal", y dieron el siguiente ejemplo: "Que si está en un principio de acuerdo conmigo, no cambie de opinión sobre ese tema si a su jefe no le gusta la idea". En la Argentina se descuenta que cuando un gerente que se comprometió con su subordinado ve peligrar la decisión a manos de su director, tiende a mostrarse sumiso y abandona a su supervisado a su suerte. (Donde no impera la ley, el subordinado teme más al superior que a la norma.) Por lo tanto, la decisión de *support* viene mediada por la lealtad que se opone a la discrecionalidad, y no por el compromiso que avala la decisión profesional tomada anteriormente.

El consultor da tiempo en el espacio que brinda la empresa, y cuando surge un término lo pone a debate y se acuerda lo que connota. Así, el espacio se carga de sentido. Este proceso la gente lo recorre conversando. El consultor puede dejar de decir *gain entry* cuando observa cómo cada uno mete el cuerpo para pensar.

LA CONSULTORÍA COMO CAMPO
DE SORPRESAS Y SOSPECHAS

De chiquilín te miraba de afuera
como esas cosas que nunca se alcanzan.

E. Santos Discépolo y M. Mores,
Cafetín de Buenos Aires

El epígrafe del libro de Lourau* dice: "Où il y a mur, il y a murmur". Donde hay muros, hay murmullos.

El trabajo de consultoría implica pasar del diálogo a la creación de dispositivos que faciliten el proceso de generación de nuevas constelaciones de significados. A pesar de muros y murmuraciones. Este proceso revitalizador se hace con gente de afuera y de adentro, pero sobre todo con transeúntes que recorren y producen ruido.

Hacer un proyecto es conocer los muros, desconocer las posibilidades, incluso las que adentro protegen y aseguran la mayor eficacia. Cuando se inventa un proyecto todos están en todo. Es la etapa heroica, sin tiempos ni particiones: todo se puede porque hay recursos extraordinarios. La visión del proyecto acerca fuerzas: todos se encuentran en terreno libre. Más tarde, el proyecto se organiza, se rutiniza y fija órdenes y atribuciones –Bleger llama organización a la institución estancada– y el consultor justiprecia la colaboración de cada uno para poner en evidencia hasta qué punto los de adentro y los de afuera valoran lo propio y/o traen aportes críticos. Cuando conversa ante los de

---

* En *Sociólogo de tiempo completo*. Incluye la frase de Rabelais, de *Gargantúa y Pantagruel*.

185

adentro que conocen y afirman, los de afuera –para hacer la más mínima cosa– dudan, necesitan ayuda, se equivocan. Pero su aporte es vital porque sin vergüenza dicen –les está autorizado decir– que no saben, preguntan por qué no se puede, indagan quién quiere acompañar en la aventura.

Todo el que viene de afuera es extranjero: los que nacieron afuera, y asimismo los que habiendo nacido aquí –en esta empresa, en esta provincia, en este país– han estado de visita, o salieron como emigrantes y vuelven al redil. Todo el que asume un cargo viene de afuera, como lo es quien circunstancialmente presencia un hecho y cuyo aporte importa. Como también lo son quienes miran esperanzados a los que se acercan. Y todo el que lo desee puede ponerse afuera para mirar sin pasar por el ojo de la cerradura que ciñe el proyecto a una perspectiva limitada.

Se trata de poder ser externo y no ajeno; *ajeno*, opuesto a propio, sin ser impropio; *extraño*, de afuera, sin dejar de pertenecer; sin ser inusual. Se trata de poder ser interno y no *indistinto*. Bleger sugiere que "de esta manera se incrementa el grado de dinámica de la institución".

Los que vienen de afuera

He who respected no authority, enabled us to respect ourselves.
Él, que no respetaba autoridad alguna,
nos permitió respetarnos a nosotros mismos.

V. L. TELEGDI en "A low-brow's view of Feynman".
Physics To Day, febrero de 1989, pág 85

Cuando cada escena es completa en sí,
el distanciamiento permite visualizar la problemática.

F. FERGUSON, sobre Brecht

Decimos que el consultor no sabe. Que el no saber le permite operar; que para avanzar tendrá que sumar información sabiendo que ésta existe siempre en forma tentativa, precaria, incompleta. En versiones. Esto requiere cierto oficio porque inevitablemente, más bien temprano que tarde, cuando se pronuncien las primeras palabras el consultor irá sumando información.

Ahora bien, la consultoría organizacional desglosa –y suspende– varios telones de fondo, cada uno con sus pliegues y caras, a saber:

- la consultoría tiene un trazado previo que se enriquece a medida que avanza: no hay trabajo sin pre-diseño, ni diseño que no se altere;
- quienes trabajan en organizaciones prefieren la predictibilidad; el vacío ocasionado por la indeterminación tenderá a ser rechazada pero el trabajo será posible en la medida en que incluya la invención;
- una organización existe en el manejo de un grupo de poder, y la consultoría se hará si los integrantes de ese grupo perciben el apoyo del consultor; y si pende la amenaza de un futuro temido –como negociación ante el futuro y no por convicción–*: el trabajo será posible en la medida en que se desarrolle la idea de asociación;
- la tarea principal de la organización define la racionalidad aceptada: el trabajo será posible en la medida en que pueda desplazarse este centro de atención;

---

* Las burocracias rechazan la singularidad: limitan el trabajo en el nivel de particularidad, salvo en momentos de crisis en que se admite la diferencia. Pero ni bien se restituye el equilibrio –lisis– "se olvidan". Quizá porque si admitiesen la singularidad deberían reconocer las transgresiones que hacen andar el sistema y demuestran la inoperancia de la forma pretendida de organización.

- la naturaleza de la constelación cultural alude a equilibrios instalados: el trabajo será posible en la medida en que se desplieguen y resignifiquen valores;
- los proyectos en pugna estarán más a o menos explicitados: el trabajo será posible en la medida en que se puedan debatir;
- la intervención responde a una necesidad sentida, por lo que el mismo hecho de realizarse provoca asombro, plantea un "antes" y un "después": el trabajo será posible en la medida en que los afectados reconozcan que modifica y potencia intereses y expectativas.

Corresponde hablar de estos temas al cerrarse la primera entrevista con el consultor, a más tardar la segunda. De ahí en más, se supone que el consultor se enteró y sabe. Que para eso se hicieron las entrevistas: para que sepa lo que es posible averiguar.

Por eso, sabiendo lo que los otros depositan y lo que él mismo conjetura, el consultor sugiere cómo trabajar: aclara los términos –qué escuchó–; establece el cero –cómo lo que escuchó debe completarse para definir un punto de partida–; diseña una herramienta de medida –pide que se cree un equipo que, desde la organización, se haga cargo de lo que hagan juntos–; sugiere actuar con objetividad –cómo recoger y procesar información–; y explicita su necesaria subjetividad en el proceso de inserción –él es su propia herramienta y hará lo que le parezca en cada momento–. El no saber funciona en el marco de la circunspección.

Su rol se justiprecia en la medida en que hace espacio en donde había hendija y plática en donde había murmuración.

Incorporar la sospecha

> Vi cómo un grupo cuya tarea de equipo se garantizaba
> podía transformar sus actividades, sus interacciones y
> sus actitudes con procesos internos de autocontrol,
> de uso exhaustivo de recursos,
> de realimentación entre sectores.
> Y comprobé cómo, después de hacer durante buen tiempo
> un trabajo que respondía a esos principios y producía
> mejores resultados,
> se destruía –o pasaba a la memoria de sus integrantes–
> cuando esa misma fábrica era dirigida por otra persona
> que trabajaba con la modalidad tradicional.
> UN GERENTE DE PLANEAMIENTO

> Acá usted levanta un sombrero y sale volando una vaca.
> OTRO GERENTE

El especialista que desconoce el no saber asume un rol complementario, protagónico y acompaña para subsanar lo que los otros no alcanzan a hacer, satisface las necesidades perentorias de la coalición establecida y, al hacerlo, se propone resolver el problema y alejar el temor. Se pone a cargo: como consecuencia, elimina la posibilidad de disociación y con ello se le hace imposible resistir presiones: pasa a formar parte de la estructura y, con ello, amerita precios y beneficios.

No es inusual que esto ocurra cuando el equipo directivo ve la nueva circunstancia como exigencia y elige superarla *con fe, con convicción, con convencimiento*: sostiene que *se tienen que* superar las circunstancias. Con ello limita el debate a los datos existentes –en el mejor de los casos arraigados en documentos, procesados con métodos conocidos, respaldados por figuras respetadas–. Se discute así el fragmento en función de una autoridad instalada, no necesariamente en torno de lo que ocurre, ni relacionando lo que ocurre con lo que viene ocurriendo. La respuesta es evitativa, privilegia la supervivencia e incluye fuertes componentes emotivos. Esta reacción parte de percibir al contexto como intimidante y es propio de una cultura cerrada –facciosa, de culto, paternalista o maternalista–. Intenta superar el momento –se lo percibe transitorio– actuando con prudencia, en el marco de lo aceptado. Tampoco es inusual que las afirmaciones tengan ribetes espectaculares. Como consecuencia, refiriéndose a quien dirige, la gente piensa: "Es un buen piloto de tormenta", pero descuenta/sospecha que, ni bien se pueda, se restaurarán las costumbres.

Dentro de ese registro, un cliente planteaba su dificultad en una empresa a la que acababa de ingresar con cargo de director: "En las reuniones no se habla. Están porque hay que estar pero se pierde el tiempo vergonzosamente. En la primera observé, en la segunda comenté sobre un tema operativo mío de cierta urgencia y nadie me respondió; al salir, se me acercó de buena manera un colega que me señaló que yo no tenía antigüedad para hablar sin que me invitasen a hacerlo. Entre ellos mismos no intercambian información. Y las reuniones se extienden eternamente. Todo se resuelve afuera, en entredichos con el Número Uno. Yo me embolo". La pretensión es de indiferenciación y si es difícil la incorporación de la racionalidad administrativa del director tanto más improbable será la inserción del consultor.

Instalada esta costumbre, si acaso sobreviniera la necesidad de una consulta se acudiría a quien adoptara la postura tranquilizadora –alguien idéntico a los de adentro, alguien que operase sin analizar las contradicciones–, hasta que, en una crisis y luego del sufrimiento correspondiente, se pudiera operar, se derribasen las barreras abriendo el campo a la invención. En esas condiciones se pondrá en evidencia que se construyó un muralla que no pudo ser superada por el ingreso de información, que el saber instalado está perimido. El primer paso será reconocer la ignorancia como obsolescencia de lo que se creía saber y no se hará sin coste.

Incorporar la sorpresa

> Tengo una nueva forma de saber
> pero es distónica, hace ruido.
> Estaba en sintonía
> y la nueva manera me la quita.
>
> UN GERENTE

La consultoría incorpora el ruido. Cuando Ackoff se reunía por primera vez con un equipo de directivos hacía el siguiente ejercicio: les pedía que cerrasen los ojos y decía "Por favor, imaginen que desapareció todo lo que tienen en sus empresas. Desaparecieron las oficinas, las fábricas y los canales de distribución; no existen más las regulaciones gubernamentales ni las reivindicaciones sindicales, la competencia ni el municipio. Sólo existe lo que cada uno de ustedes tiene en la cabeza. Con eso harán el proyecto". Lewin propone que un proceso puede mejorarse intentando hacerlo directamente, o reconociendo y eliminando las influencias que inhiben su desarrollo.

Ackoff, Lewin, el consultor cumplen la función del extranjero, de gente de extramuros, del foráneo, de quien por no saber cómo es, debe preguntar; que, por desconocer los ritos, debe observar antes de ingresar; que, por ser de otros parajes, ignora las prevenciones. Del que no cuenta chistes porque no sabe cómo reaccionarán y no se ríe de los que circulan. Se sabe *de paso*, y así –en las ocasiones en que *está*– goza de la protección de quien puede cometer una ofensa leve mientras averigua cómo desenvolverse.

191

(Previendo ser considerado un forajido, da importancia a los términos en su contratación.)*

Son muchos los elementos que ayudan a que el extranjero sea escuchado. Que haya resuelto ese tipo de situaciones, que se acerque midiendo sus palabras, que enseñe cómo mira, para que, de la comparación entre lo que se prevé y lo que ocurre, otro pueda obtener lecturas ciertas de la situación y de ahí en adelante, solo, autónomo, la encare y resuelva; que respete lo que encuentra; que descubra lo insólito; que asuma responsabilidad y no entre en el juego de los otros.

De la misma manera, los dispositivos del consultor invitan a pensar lo impensable. "¿Y si lo que usted acaba de decir no fuera enteramente cierto?" "¿Es posible plantear otra relación de fuerzas? ¿Cómo la imaginaría usted?" El consultor intenta salir de lo repetitivo buscando lo singular, lo personal, para anclarlo en lo que fortalezca al grupo cliente.

De esta manera, la participación del consultor abre un tiempo de sorpresa esperada y añorada. Porque en otros lugares y en otros tiempos –inclusive contemporáneamente, en esa organización– hay quienes anticipan, crean, celebran, agradecen. Si lo invitan es porque cierta situación los abruma y la convocatoria se propone, en principio, distinguir si el consultor confirmará alguno de los relatos existentes. Cuando cumple rigurosamente con lo que para ese rol esperan los de adentro –toda confirmación recuerda a una figura temida–, los otros se hunden en las consecuencias de esa sospecha.

El consultor igualmente incluye la paradoja, la idea extraña, contraria a lo que se tiene por verdadero. Invierte tiempo en estimular la capacidad paradojal que existe

---

* Siendo distinto, durante un tiempo prudencial se reconoce que no es bárbaro, término aplicado al que usa la fuerza y no la inteligencia, al bruto; al atrasado, primitivo, salvaje; contrario a los gustos, a las usanzas, a las reglas.

en el cliente: ¿hasta qué punto puede alcanzarse lo que parece irrazonable o incompatible?

Así, cada una de estas formas del no saber van al encuentro de sorpresas, de sospechas y de la capacidad de idear. Ahí, el consultor, sin comprender, empieza a entender. Percibe el sentido de algo sin poder todavía abarcarlo, integrarlo. Al mismo tiempo, en los de adentro abre un sendero de nueva significación. Porque, inserto en la trama circunscrita de lo que ellos han llamado la realidad –"Llamábamos verdad a la suma de respuestas que teníamos para preguntas que nunca nos habíamos hecho"– repetidamente él acerca a alguien de afuera –en cada uno–. Como testigo cuya mirada alimenta la indagación, señalando lo que provoca una pregunta propia, personal.

Así, diseñar dispositivos sustentados en el no saber abre el camino a la aparición de accidentes –descubrimientos no escandalizadores– que adquirirán nuevo significado y permitirán la concepción del proyecto, ahora sí, nuevo y viable.

Rincones de honestidad

Hace unos años, *Amanece que no es poco*, una película española, mostraba cómo, perdidas las esperanzas, insertos en un medio desprovisto de referencias, los habitantes de un imaginario pueblo se reunían todas las mañanas para saludar la salida del sol, como muestra de lucidez –es lúcida la respuesta despejada de fiebre, de delirio o de locura en un intervalo entre dos accesos–. Inexistentes las relaciones sociales, la confianza estaba depositada en la emergencia cotidiana de la luz del sol y en sus propias invenciones.

Cada vez que el consultor ingresa a una nueva cultura, topa con cierto nivel de confusión desestructurante. Sin duda, ante el cliente –más confundido que uno– nada impide que él opere con la elegante mecánica de *Mumford*

–escuchar y callar–. Más usual es, por otra parte, que en tiempo de reflexión personal se pregunte: ¿Qué es lo que sé? ¿Qué es lo que tengo que recordar para operar? ¿Quiénes más deberían entrar en este proyecto? ¿Qué supuestos míos debo explicitar? ¿Qué es lo que me halaga y me molesta en este proyecto, con esta gente? ¿Frente a qué acciones y actitudes debo ponerme firme? ¿Qué características mías afectan a los otros? ¿Qué fantasías alimento? ¿Cuándo me voy?

Llevar protocolos le servirá para detectar la acumulación de sus errores.

SOBRE EL PLACER
DEL MOMENTO

Dans le jardin de mon père
les lilas son fleuris
la craie et la tourterelle
y viennent faire leurs nids.

Canción tradicional francesa

Trabajo en proyectos organizacionales (éstas son las primeras palabras de mi prólogo). El consultor trabaja, el proyecto es de ellos.* El consultor aporta en esa ocasión; el proyecto seguirá vivo en la medida en que los otros sientan la estimulante molestia y quieran soportar el esfuerzo.

Cuando las cosas van bien, el marco de referencia con el cual acostumbro a moverme tiene sentido: ellos pierden el pudor ante "todo esto que nos está cambiando".

Mientras gran parte de los intercambios iniciales puede ser pretenciosa –hagamos como si estuviéramos interesados en comprender mejor el problema–, el consultor, que está de paso, aporta las condiciones para que ellos elijan presentar los tramados de lo que cuentan.

Cuando se lo hace, el campo de trabajo se puebla de autoridad, el que asiste es actor. Prima el desarrollo del cuento articulado entre la tarea y la cultura. Ellos incluyen

---

* Este libro debe mucho a las conversaciones con Juan Magliano, con quien debatimos el tema en muchas consultorías, a la lectura brillante de Cristián Varela, con quien deberíamos encontrarnos más a menudo, y al escalpelo firme de Héctor Libertella.

el instante y el movimiento, cuando a diario prefieren la seguridad. Lo que se dice y cómo se dice pierde importancia: los hechos se desenvuelven. Las que fueran contradicciones –en palabras– son campo de ambigüedad –en hechos–. El marco de acuerdos baja la censura, si antes no la había; ahora se recupera inteligencia para evitar la restauración.

Ese trabajo cierra el proyecto del consultor. Y aunque uno prefiera no verlo, se cierra en cada encuentro.

El gerente general de una empresa líder ha incorporado un encuentro mensual de reflexión para reunir a los directivos de cada sector. La intención es pensar libremente. Cada uno puede sugerir el debate en torno de un tema que no tiene impacto inmediato pero que considera útil poner a discusión. Es una organización en la que convive personal proveniente de organizaciones muy distintas. Son profesionales muy competentes y la relación entre ellos es definida como "adecuada". Después de varias reuniones, algunos valoran la ocasión, otros la critican porque sienten que el tiempo lo deberían dedicar a cuestiones operativas más acuciantes. El gerente general les dice que para eso tienen el resto del mes e invita al consultor a presenciar una reunión y a trabajar con el grupo en torno de su integración. Ese es el pedido y se acuerda que el consultor entrevistará a cada uno de los asistentes para diseñar la actividad en función de sus necesidades.

En una de las entrevistas, sin embargo, surge el siguiente caso. En ocasión de un trabajo en planta, una dotación importante había estado varios días intentando resolver un problema. Para hacerlo los gerentes, los técnicos y el personal de operarios violaron normas internas de procedimiento que comportaban ilegalidad, insalubridad e inseguridad. Actuaron como en una emergencia, a pesar de que no lo era y que, de haberlo sido, al segundo día se hubieran debido instaurar prácticas previstas para un trabajo más profesional. Al analizar el caso, y puesto que el problema sigue sin resolverse, se echan culpas y se listan justificaciones. Más aún, ante la sorpresa del directivo que pregunta por qué hicieron lo que han hecho, parecen sobrentender que "dadas las condiciones imperantes en el mundo, sólo de esa manera puede actuarse en este momento en el mercado (sic)". Mientras se excusa ante el consultor –"te voy a hablar sin filtros"–, relata y explica con lujo de detalles todas las razones por las cuales siente que el análisis del caso está mal planteado y que los señalamientos del directivo "desconocen la realidad porque en las oficinas centrales jamás se podrá entender lo que es trabajar allá".

El entrevistado parte de un pedido –"veamos cómo rediseñar la reunión mensual"– para ingresar en un campo de concernencia crítico: primero, cómo se instala autoridad, y luego qué significan las normas y cómo se instituyen las excepciones.

Necesidad sentida, espacio reservado, tiempo para el coloquio, ahí se inicia la labor del consultor.

Mejorar el pronóstico

Para prosperar, la consultoría y el proyecto que la justifica necesitan de ciertas condiciones de espacio, de aislamiento y de inclusión.

En primera instancia el consultor colabora para que quienes lo invitan se propongan la naturaleza de esa crisis como instancia creativa de su forma de gestión, y pregunta por qué lo convocan. Pero enseguida intenta que el primer contacto dé lugar a otro más público, con otros que reflejan la diversidad del proyecto.

Siguiendo a Lewin –"para comprender a un organismo, incorpore un cambio"– desea, además, saber cómo se modifica la intimidad de esa cultura a medida que se integran otros, cómo se vincula la consulta en la vida cotidiana de la organización, a quiénes excluye y por qué. Para sintetizar, finalicemos con un par de casos extremos:

En una punta

Se requiere paciencia ante organizaciones con complicaciones severas –aquellas que De Vries llama neuróticas–, aquellas que dedican la mayor parte de sus esfuerzos a la persecución, o las organizaciones rígidas. En esos casos, es usual que la consulta sea corta, emotiva, discontinua, declamatoria. Y es incómoda para el que consulta, que intenta superar sus miedos con aseveraciones sin sustento. Son situaciones en las que el consultor acompaña previendo lo que puede ocurrir dadas las circunstancias; arriesga hipótesis de trabajo para producir lecturas del sufrimiento; refuerza lo positivo; descubre lo sólito; cumple con su papel y mantiene su distancia.

Son circunstancias en las que no se advierte incredulidad: los que relatan hablan de lo que ocurre como si les ocurriera a otros. Implícitamente, la consulta pide una restauración: técnicamente se llama cambio reactivo.

El consultor nota discontinuidades e intransigencias; se centra en las que, por su peso en el equilibrio entre el proyecto actual y el proyecto posible, mejor pronóstico tendrían en caso de ser interrumpidas. Las reconoce y las señala si no hay quien las destaque, pero no se constituyen en campo de trabajo hasta que los otros no decidan hacerlo.

A veces, se generan un par de entrevistas que crean el espacio y muestran la legitimidad de dedicar tiempo a cierta planificación para un diseño. De este modo, implican un abordaje más amplio que el que denota por sí sola una intervención puntual, pero en general sirven para el largo plazo: sirven para crear un antecedente. En alguna memoria quedan como un hito. Ahíto.

En la otra punta

La entrevista retoma una larga presentación telefónica en la que un profesional cuenta un proyecto de Internet, una iniciativa creativa que ofrece servicios nuevos y deberá superar muchas resistencias.

Los siguientes párrafos sintetizan el primer encuentro, en el cual el visitante abre diciendo: "Esto va tomando color. Parece que financieramente es posible. Y lo estamos haciendo con rigor".

Como consultor, yo no sé qué quiere él, de manera que mientras habla, apunto a un costado de mi hoja las palabras *tarea, cultura, proyecto.*

"Parecería que hay interés. Consultamos a gente que sabe. Dicen que es posible. Que hay poco hecho en este sentido. Con los anunciantes hablamos poco. De entrada pensamos que habrá unos 7.000 conectados gratis. Y con eso arrancaríamos. Mientras tanto barrimos la red para orientarnos en nuestro segmento. Probablemente la peor dificultad es que pocos de los potenciales interesados están conectados en la actualidad. ¿Estarán cortos de guita? ¿Se conocerán entre ellos?"

Me mira para observar si lo sigo y anoto sus ideas, que desarrolla metódicamente. Apunto el nombre de una persona que querrá consultar. Él describe en detalle el producto y los servicios que prestarán y pone en evidencia el trabajo realizado. Recuerdo que una característica de un proyecto trascendente es el orgullo que transmite el que lo presenta –dato de la constelación: ¿Quiénes más están? ¿Cómo serán los que lo acompañan?–.

Después de veinte minutos, dice: "Creo que más o menos te relaté todo", y veo un equipo profesional que advierte una oportunidad y elabora un proyecto en función de necesidades desatendidas. Veo la tarea –brindar servicios–, destellos de una constelación cultural –profesionalismo,

199

entusiasmo interdisciplinario, asunción de riesgos–, algo sobre el proyecto –una nueva forma de trabajar–.

"¿Te hacés una idea de la cosa? Estamos apuntando a un negocio de ..." –menciona una cifra–. "Es lo razonable. Ese es el orden de magnitud. Ahora voy un poco al propósito –de la consulta–. Hasta ahí era el *hardware*. Se está armando. Va bien. La época es dura así que el plazo debe ser perentorio. Aspiramos a lanzar el proyecto para ..." –da una fecha–. "Como hay interés parlamentario y no tenemos dinero para publicidad, armamos una conferencia de prensa."

"Entre los socios lo bancamos. Con economía de guerra. Tenemos buenos asesores, todos voluntarios. Tenemos un equipo de programación, un equipo de redacción, un equipo comercial y un equipo de relaciones institucionales. Ojalá en la empresa tuviera este tipo de gente". Reveo la tarea –proyecto circunscrito–, más datos de constelación –voluntarios que cubren todo lo que saben pero buscan ayuda afuera–, algo sobre el proyecto –finanzas, comercialización y tiempos, todos definidos–. Descubro puntos de reparo: proyecto trascendente, la visión confiere fuerzas.

Anuncia que ya habló de *hardware*, pero sigue en la misma tónica. "Tenemos un buen estudio de abogados, gente que sabe de marca, debemos formar una sociedad, inclusive en los Estados Unidos. Los plazos se cumplen."

"Ahora bien, ¿cuál es el tema? Que para hacer esto con solidez, si bien tenemos buenos productos, tengo que generar pertenencia. Mis clientes tienen que tener la convicción de que les haga la oferta correcta. El chat no debe ser anónimo. Necesito que se integren, que quieran el lugar. ¿Cómo genero la pertenencia? ¿Cómo consigo que mi sitio sea de ellos? Necesito inventar una empresa que perdure, que progrese. Y en ese punto me aparece la pregunta. Vos hacés integración de equipos, ¿cómo hago?"

Terminada la presentación, aparece la consulta: ¿Se puede generar pertenencia cuando el medio es electrónico? Ahí se conversa en torno de lo que no se explicitó y sin embargo estaba presente: los valores que acompañan a ese proyecto que sobrentiende el consultante. ¿Por qué pertenencia? ¿Pertenencia o sensación de pertenencia?

Así siguen apareciendo elementos de tarea, de cultura, de proyecto. Cuando en cierto momento, en sus diálogos con sus socios, resurge la preocupación por los plazos, él aclara lo que decidieron: "Juan me preguntó: Pero si lanzamos el 1 de setiembre ¿qué hacemos al día siguiente?" Y decidimos que el día siguiente sería el 1 de octubre.

La capacidad de generar un mes entre dos días del calendario es dato de tarea, de cultura, de proyecto: es dato de pronóstico. Lo construye.

AGRADECIMIENTOS

Trabajar en consultoría es aprender del cliente. Lo que pueda rescatarse de estos escritos no surge de libros –por más que después de haber sido aplicado uno recuerde lo estudiado–, y poco de lo que se comunique resonará en lector alguno a menos de que viviera circunstancias similares.

Por eso van las gracias a quienes hicieron mi formación, desde Manuel Sadosky de quien aprendí a construir redes, Carl Bergquist que me dijo que "si no aguantaba el calor, me alejara del horno" y a mi amigo Fernando Ulloa, *il miglior fabbro.*

Es imposible nombrar a todos los que me enseñaron mientras trabajábamos, pero consigno los nombres de Alicia Balsells, Marcelo Bianchedi, Ernesto Browne, Dante Caputo, Camilo Ciordia, Ricardo Colombo, Horacio Cortese, Oscar del Gobbo, Guillermo Doglio, Clementina Durán, Juan Pablo Elordi, Alberto Fandiño, Eleodoro Frers, Alejandro Fernández Mouján, Chet Gawronsky, Alberto Ham, Ernesto Katz, Horacio Lavalle, Kaj Lindgren, Gringo Luján Williams, Enrique Mantilla, Jaime Maristany, Carlos Mascardi, Alejandro Muente, Eliseo Nápoli, Hugo Pace, Carlos Righetti, Thys Sabbagha, Jorge Sábato, Miguel Angel Sánchez, Anders Spore, Bo Tannen, Javier Tizado, Silvia Trigub, Emilio van Peborgh, Alcibíades Yranzo, Sergio Zanini, Rick Wong.

Nuestra tradición profesional nos recuerda la necesidad de pensar de a varios y aprender en equipo: por sus reflexiones frescas, ideas sensatas y transgresiones creativas agradezco lo que me dieron Alfredo Babini, Ernesto Bianco, Victoria Corti Maderna, Luis Cudmani, Osvaldo Fernández, Eduardo Fernández Herrera, Enrique Fernández Longo, Ariel Kievsky, Eduardo Kreimer, Dolph Kruger, Juan José Lauro, Luis Leal, Juan Carlos Magliano, Hugo Masci, Jorge Mocetti, Paola Molinari, Rubén Ordóñez, Horacio Rieznik, Vicente Miñana. Con Roberto Carbonell, Horacio Cuello, Magdalena González, Luis Karpf, Santiago Lazatti, Roberto Martínez Nogueira, Aldo Schlemenson, Nicolás Scumburdis, Roberto Sevilla, Francisco Suárez, Juan Carlos Tedesco y Cristián Varela conversamos y cooperamos más de una vez, ayudándonos en nuestras intervenciones.

Agradezco la contribución de mis alumnos de sucesivos posgrados de Estrategia de Recursos Humanos en la Facultad de Ciencias Económicas, de la Universidad de Buenos Aires, y en especial a Luis van Morlegan, su director. Por su compañía en proyectos en el ámbito público, gracias a Oscar Oszlak, Jorge Roulet, Enrique Groisman, Susana González, Irene Konnterllnik, Carlos Martínez Sarasola, Carlos Domínguez Mollet, Alejandra Rodríguez Girado, Mónica Mesz, Catalina Parellada, Silvia Piñeiro, Alejandro Ollier, Juan Carlos Tesoro, Marta Locatelli, Gabriel del Olmo, Hugo Calós, Víctor Scianammea, Dolores Zagaglia. Y a los graduados de las diversas Maestrías con las que colaboré, muy en especial los de la Administración Pública de la Facultad de Ciencias Económicas de la Universidad de Buenos Aires, y de la Universidad de Panamá.

Y mi agradecimiento a la Fundación Rockefeller que con la invitación a pasar un mes en el Centro de Bellagio, facilitó la terminación de la primera versión de los textos.

AUTORES CITADOS

Altschul, C., *Notas hacia una interpretación del hombre James Joyce*, SUR, Buenos Aires, 1959.

Altschul, C. y Altschul, M., El vínculo con los padres: lineamientos para Entrevistas de Seguimiento, *Hacer escuela*, 8, 1988.

Arensberg y Niehoff, citado en Opler, M.K. (Ed.) *Culture and mental health*. MacMillan, New York, 1959.

Argyris, C., *Personality and organization. The conflict between the system and the individual*. Harper & Row, New York, 1958.

Argyris, C., *Intervention Theory and Method: A Behavioral Science view*, Reading, MA, 1970.

Bense, M., *Estética*, Nueva Visión, Buenos Aires, 1957.

Bleger, J., *Psicohigiene y psicología institucional*, Paidós, Buenos Aires, 1966.

Cambaceres, E., *Sin rumbo*, Estrada, Buenos Aires, 1949.

Campbell, D. T., *Qualitative knowing in action research*, Kurt Lewin Award Address, Society for the psychological study of social issues, 1974.

De Vries, Manfred. F. R. K. y Miller, D., *The neurotic organization: Diagnosing and changing counterproductive styles of management*. Jossey Bass, San Francisco, 1984.

Etzioni, A., *A Comparative Analysis of Complex Organizations*, Free Press, New York, 1971.

Etzioni, A., *The active society*, Free Press, New York, 1968.

Goodman, R. A. y Huff, A. S., "Enriching policy premises for an ambiguous world". En W. Sutherland (comp.) *Management Handbook for Public Administrators*. Van Nostrand, New York, 1978.

Güiraldes, R., *Don Segundo Sombra*, Losada, Buenos Aires, 1939.

Jacques, E., *The changing culture of a factory*, Heineman, Londres, 1948.

Hofstede, G., Neuijen, B., Ohayv, D. D. y Sanders, G., "Measuring organizational cultures: A qualitative and quantitative study across twenty cases". *Administrative Science Quarterly*, 35, 1990, 286:316, 1990.

Kafka, F., *El castillo,* Buenos Aires, Emecé, 1967.

Katz, D. y Kahn, R. L., *La psicología social de las organizaciones,* Trillas, México, 1977.

Lewin, K., "Action research and minority problems", *Journal of social issues,* 2, 1946, 34:46.

Lewin, K., "Conducta y desarrollo como funciones de la situación total", en K. Lewin, *La teoría del campo en la ciencia social,* Paidós, Buenos Aires, 1978.

Lippit, R. y Lippit, G., *The consulting process in action.* University Associates, 1978.

March, J. G. y Olsen, J. P., *Ambiguity and choice in organizations,* Bergen, Universitetsforlaget, 1976.

Mead, M., *Cultural patterns and technical change,* UNESCO, Deventer, Holland, 1953.

Melville, H., *Bartleby, el escribiente.* Buenos Aires, Emecé, 1944.

Peters, T. J. y Waterman, R. H., *In search of excellence.* Harper & Row, New York, 1982. (*En busca de la excelencia,* Atlántida, Buenos Aires, 1982.)

Pugh, D. S., Hickson, D. J., Hinings, C. R. y Turner, C., "The Context of Organization Structures", *Administrative Science Quarterly,* 14, 1, Mar 1969.

Schein, E, H., *Process consultation: Its role in Organization development,* Reading, Addison Wesley, MA, 1985.

Schein, E. H. y Bennis, W. G., *Personal and organizational change through group methods,* Wiley, New York, 1965.

Schlemenson, A., *Ensayos de psicología institucional,* Universidad de Belgrano, Buenos Aires, 1978.

Schön, D., *The reflexive practitioner: How professionals think in action,* Temple Smith, London, 1983.

Suárez, F., "Crisis en las organizaciones", en *Enoicos,* Revista de la Facultad de Ciencias Económicas, Universidad de Buenos Aires, 1998.

Ulloa, F., *Novela clínica psicoanalítica,* Paidós, Buenos Aires, 1995.

www.ingramcontent.com/pod-product-compliance
Lightning Source LLC
Chambersburg PA
CBHW060018210326
41520CB00009B/933